한글과 시조를 사랑한 유동삼 시조시인, 서지적 연구 자료

유동삼 시조 연구

사단법인 문학사랑협의회
리 헌 석 편저

오늘의 문학사

목차

제4편 서평 및 기사, 대담

제5편 유동삼 시인 연보 및 추모

1996년 「할머니 말씀」 수록(6년간)

🗨 일상 생활의 경험을 시조로 지어 보자.

1. 시조의 형식을 생각하며 '할머니 말씀'을 읽어 보자.

할머니 말씀

동기간 한몸같이 아끼며 보살피며
준 것은 잊더라도 받은 은혜 잊지 말고
서로가 도와 가면서 한결같이 지내라.

하루 종일 놀더라도 논 표는 아니 나고
도막 시간 책 읽으면 공부한 표 금방 난다.
하물며 매일 힘쓰면 뛰어나게 되는 법.

남의 것은 짚 검불도 어려운 것이란다.
폐 안 되게 살아가기 쉬운 일 아니란다.
신세를 지는 것보다 보태 주며 살아라.

나 하고 싶은 일은 암만 해도 표 안 나고
남 위해 하는 일은 작은 것도 표가 난다.
남들을 이롭게 하면 나도 빛이 나는 법.

66

2012.06.02. 112회 문학사랑 축제. 송근영 아동문학가(중) 유동삼 시조시인(우)

2013.12.27. 대전문학관 원로문인 회고전에 초대받은 유동삼 시조시인

2014.05.15. 한밭도서관에 책 기증하는 유동삼 시조시인(중)

2014.10.16. 외솔상을 수상하는 유동삼 시조시인(중)

유동삼 시조시인 빈소(2021.07.31. 대전 평화원)

유동삼 시조시인 묘소(평촌동 가족묘원)

한글과 시조를 사랑한 유동삼 시조시인, 서지적 연구 자료

유동삼 시조 연구

사단법인 문학사랑협의회
리 헌 석 편저

오늘의 문학사

• 일부 작품은 현재 맞춤법과 띄어쓰기를 따랐습니다.

일러두기

본문에 사용한 ‘<’표시는 연과 연 사이의 ‘빈 줄’을 나타냅니다.

유동삼 시조시인의 발자취를 따라서

유동삼(庾東三) 선생은 1925년 9월 8일(음력 7월 22일)에 대전광역시 서구 평촌3동(기성동) '증촌' 마을에서 부친 상적(相積), 모친 해주 오씨 상필(相弼)의 5남매 중 막내로 출생하여 마을의 서당에서 한문 공부를 합니다. 10세인 1935년에 사립학교 '길헌의숙'에 입학하였으나, 그해 9월에 '기성공립보통학교'에 편입되었고, 1940년에 학교명이 바뀐 '기성 공립심상소학교'를 졸업합니다. 그해 12월에 '청주사범학교' 심상과에 입학하여 1945년 2월에 졸업한 후, 1946년 3월에 진참초등학교 교사로 부임합니다.

선생은 뜻한 바 있어, 1947년 11월에 서울에 있는 '금양초등학교' 교사로 전출하여, 충청권보다 더 너른 세상에 나섭니다. 강습을 거쳐 '국사 강사 자격증'을 취득하였으며, 한글문화보급회 주최의 강습을 수료합니다. 1949년에 '세종중등국어교원양성소'에 입학하여 1950년에 졸업하면서 중등학교 교사 자격증을 취득합니다. 그리하여 대전공업중학교, 한밭중학교, 대전중학교, 천안중학교, 대전여자중학교 등 중학교 국어과 교사이면서, 한글문화보급으로 '세종대왕'이라는 별칭을 얻습니다.

1962년에 동아일보 시조 공모에 '소쩍새'를 응모하여 입상합니다. 이는 충청권 문학계에서 시조를 통하여 입상한 선구적 기록으로 남아 있습니다. 이 작품의 원본을 찾기 위하여 동아일보에 문의하기도 하고, 작품을 찾기 위해 직접 찾아갔지만, 자료가 망실되어 찾을 수 없었습니다.(이는 이덕영 시인이 1963년 신춘문예 수상자 발표 명단은 찾았지만, 정작 수상 작품을 찾지 못한 것을 떠올리게 합니다.) 그러나 이를 계기로 시인은 시조창작과 한글선양운동의 선구자로 인정받기에 이릅니다.

금년엔 풍년 들어
그 큰 솥도 작겠다고

솥 적다 솥 적다
걱정되어 우느냐

그래라 솥이 작으면
짓고 나서 또 지으마

—「소쩍새 1」 전문

1967년에 발간한 첫 시조집 『유동삼 시조집』 29쪽에 수록된 작품입니다. 〈금년에는 풍년이 들어 그렇게 큰 솥도 작겠다고, '솥 적다' '솥 적다' 걱정이 되어 우느냐? 그래라(그렇게 울어라). 그 큰 솥이 작을 정도로 풍년이 들면, 그 큰 솥에 밥을 짓고 나서, 다시 또 지으마.〉라고 정리되는 작품입니다. 또한 「소쩍새2」가 같은 시집에 2연 시조로 수록되어 있으나 동일한 주제를 풀어 쓴 작품입니다.

이는 우리 겨레의 언중(言衆) 사이에서 전해오는 설화(說話)를 원용한 작품입니다. 이 시조를 지을 시대에는 새벽녘에 소쩍새가 구슬프게 울어 잠을 이루지 못하는 사람들이 많았던가 봅니다. 그 소쩍새 울음소리가 '소쩍다'로 들리는 사람들은 '솥이 적다'는 말이기 때문에 그해 풍년이 들겠다고 해석합니다. 반대로 '소탱'으로 들리는 사람들은 밥을 할 쌀이 부족하여 '솥이 텅텅' 빌 것으로 유추하기 때문에 그해 흉년이 들겠다고 해석합니다. 유동삼 시인을 비롯하여 우리 언중들은 일본의 수탈에 의하여 간난신고(艱難辛苦)를 겪었을 터이고, 그리하여 풍년을 기원하는 의미에서 소쩍새가 '솥적다'라고 울기를 기대한 듯합니다. 그런 바람이 작품에 녹아 있습니다.

유동삼 선생은 시조시인으로서 자신의 작품 창작에 전념하면서, 초등학교 학생 및 중등학교 학생들에게 시조 창작을 권면합니다. 특히 충청남도 교육연구원의 연구원과 장학사로 근무할 때, 1965년『바른 말 바른 글』, 1975년『국어 순화 지도 자료』,『글짓기 지도 자료』, 1978년『글짓기 지도의 실제』, 1979년『인사 지도 방법』,『중학교 한문 교육 개선 방안』등의 편저(編著)를 발간하면서 시조 창작, 한글 선양 등에 진력합니다.

선생께서는 1990년에 발간한 4시조집『집게손가락』43쪽에 시조「할머니 말씀」을 수록합니다. 이 시조는 1988년 3월에 창작되었음을 작품 말미에 적시(摘示)하여 창작연대가 확실한 작품이기도 합니다. 1988년에 지은 후, 2년 후에 발간한 시조집에 수록되고, 이때 알려진 이 작품은 1996년 초등학교 5학년 2학기 국어 '말하기 듣기 쓰기' 66쪽에 본보기 글로 수록됩니다. 이후 6년간 전국 초등학교 어린이들의 학습자료로 제공됩니다.

동기간 한몸같이 아끼며 보살피며
준 것은 잊더라도 받은 은혜 잊지 말고
서로가 도와 가면서 한결같이 지내라.

하루 종일 놀더라도 논 표는 아니 나고
도막 시간 책 읽으면 공부한 표 금방 난다.
하물며 매일 힘쓰면 뛰어나게 되는 법.

남의 것은 짚검불도 어려운 것이란다.
폐 안 되게 살아 가기 쉬운 일 아니란다.
신세를 지는 것보다 보태 주며 살아라.

나 하고 싶은 일은 암만해도 표 안 나고
남 위해 하는 일은 작은 것도 표가 난다.
남들을 이롭게 하면 나도 빛이 나는 법.

—「할머니 말씀」 전문

교육자료서의 주제 설정과 시조시인으로서 작품 완성을 위해 진력하던 시인은 학교에서 정년퇴임하면서 '한마음 요양원'과 '한마음 정신병원'의 회장으로서 국민복지에 전심전력을 다합니다.

그 사이사이에도 시조를 지어 발표하며, 대전시조시인협회와 한말글 한밭모임의 중심 역할을 맡아 존경받는 인물로 추앙받습니다.

'대전의 세종대왕'이라는 별호로 추앙받던 선생께서 2021년 7월 31일 노환으로 별세하셨습니다. 하늘도 슬펐는지, 이틀 동안 굵은 비가 주룩주룩 내리다가 멎은 8월 2일 대전광역시 서구 평촌동, 가족 묘원에 모셨습니다. 선생께서 떠나신 후, 여러 문학단체와 한글선양 단체에서 선생을 추모하였습니다.

추모의 일환으로 사단법인 문학사랑협의회에서는 선생을 기리기 위하여 본서를 발간합니다. 이 연구를 책으로 발간할 수 있게 도와주신 대전문화재단에 감사드립니다. 선생에 대한 평설을 수록할 수 있게 허락하신 분들께 감사드립니다. 사신과 사료를 준비해 주신 백명자 사진작가(유동삼 선생의 맏며느리)께도 감사드립니다. 바쁘신 가운데 선생의 자료를 찾아 주시고, 편집과 교정에 도움을 주신 편집위원회 김영수 위원장을 비롯한 위원님들께 감사드립니다.

이 책이 유동삼 시조를 연구하는 후학들에게 작은 도움이 되기를 바랍니다.

2022년 12월 15일
사단법인 문학사랑협의회
편저자 리헌석 손모음

| 조사(弔辭) _ 충청예술문화 2021년 9월호 '발행인의 편지' |

우리 말글의 천국을 지키소서!

— 읓모 유동삼 선생님의 명복을 빕니다.

리 헌 석

문학평론가, 충청예술문화협회 회장

평생 우리 말글을 사랑하시고, 일본에 앗기었던 우리 말글을 지키며 갈고 닦는 일에 전념하시던 읓모 유동삼 선생님! 우리 말글로 우리 겨레의 문학 장르 '시조'를 지으시며, 우리 시조가 지켜온 정형시의 세월은 아마 세계 1등일 것이라며, 시조시인으로서 뿌듯해 하시던 선생님. 우리 것을 자랑스럽게 말씀하시던 그 목소리가 아직도 귓가에 머물러 있는데, 그리하여 마음 밝히는 일에 한층 더 힘을 써야 하는데, 선생님께서 갑자기 먼 길을 떠나셨습니다.

존경하는 유동삼 선생님!

선생님께서는 1925년에 대전광역시 서구 평촌동 반가에서 태어나시고 성장하셨습니다. 어린 시절에 서당 공부를 마치시고, 초등학교에 입학하던 11살 무렵, 가난 때문에 책보 대신 지게를 지어야 했습니다. 지게를 지고 다니면서 읊조리시던 〈나비야 청산가자, 범나비야 너도 가자, 가다가 저물거든 꽃에 들어 자고 가자〉 등이 시조의 율격이어서, 우리 겨레의 정서를 담아내는 시조를 짓기 시작하셨다는 선생님의 웅숭깊은 모습이 눈에 삼삼 어립니다.

우리 말글을 사랑하신 선생님!

늦게 들어간 초등학교와 사범학교에서는 일본어로 공부하였습니다. 그때 모국어 교육에 대한 간절한 소망을 가슴에 새기셨습니다. 이를 잊지 않고 계시던 선생님께서는 '진잠초등학교' 교사에서 서울 '금양초등학교' 교사로 전근하여 '세종중등국어 교원양성소'에서 우리 말글을 야간에 공부하셨습니다. 이후 다시 대전의 중학교로 돌아오신 선생님께서 '한말글 사랑모임'을 창설하시고 바른 말글 사용 운동을 펼치셨습니다. 우리 말글로 사람 이름, 학교 이름, 아파트 이름, 도로 이름, 터널 이름을 짓자는 운동을 펼치셨습니다. 보람차하시던 모습도 보았지만, 때로는 괴로워하시던 모습도 보았습니다. 그렇지만 굽히지 않은 선생님의 형형한 눈빛이 아직도 가슴에 남아 있습니다.

아름다운 이름을 찾아주신 선생님!

한글에 대하여 눈을 뜬 선생님께서는 생활과 교육의 현장에서 '우리 산과 들에서 자라는 꽃 이름 찾기'를 통하여 우리 정신을 맑고 밝게 하셨습니다. 대전여자중학교에 근무하실 때였다고 하셨지요? '과꽃'의 이름을 모르는 학생이 너무 많아 과꽃, 구절초, 마타리 등을 유리병에 꽂아 각 교실에 들고 다니면서 바른 이름을 알려주셨습니다. 나아가 시조시인들의 모임은 물론, 여러 문학단체의 초대를 받으셨을 때에도 선생님의 손에는 구절초와 마타리가 담긴 유리병이 들려 있었습니다. 아주 작은 꽃까지 사랑하시던 선생님은 우리들의 사표(師表)이셨습니다.

시조를 사랑하신 선생님!

선생님께서는 우리 겨레의 율격에 맞는 시조에 한글 사랑을 담으셨습니다. 선생님의 시조 작품은 우리의 지표였습니다. 선생님의 「훈민정음」은 13수로 빚은 연시조 작품입니다. 그 중의 첫 수와 마지막 수를 읽으면서 선생님의 따사롭고 오롯한 가슴을 만나기로 합니다. 13수의 장별 배행 시조지만, 구별 배행으로 나누어 감상하며 선생님을 추모합니다.

양지 바른 언덕마다
웃음소리 들려와도
그늘진 골짜기
소리 없는 저 가난들
못 본 체 할 수가 없다
밤낮 마음 걸린다.

—「훈민정음」 1

사람마다 다 배워서
날로 씀에 편케 하라!
시도 쓰고 얘기도 짓고
짓고 쓰고 읽는 동안

글 나라 자랑스러운 나라
밝은 나라 이루라!
—「훈민정음」13

선생님께서는 1967년에 1시조집 『유동삼 시조집』을 발간하여 등단하셨습니다. 시조 창작에 대한 열정이 높아 1970년에 2시조집 『꽃마을』을 발간하셨습니다. 1981년에는 3시조집 『새꽃밭』을 발간하시고, 1990년에도 4시조집 『집게손가락』을 발간하셨습니다. 1996년에 5시조집 『물이랑바위랑』을 발간하시고, 2002년에 6시조집 『소쩍새』를 발간하시어, '항재시조문학상' '정훈문학상' '옥로문학상' 등을 받으셨습니다.

시조에 교훈을 담으신 선생님!

선생님께서는 여러 제재로 작품을 빚으셨으며, 우리의 자연도 아름답게 노래하셨습니다. 그 중에서도 선생님의 시조「할머니 말씀」이 1996년 초등국어(5~2) '말하기 듣기 쓰기'에 6년간 수록되어 어린이 교육에 이바지하신 것은 참으로 고마운 일입니다. 장별배행으로 지어진 4연시조인데, 낭독할 때 호흡을 조절하기 쉬운 구별 배행으로 나누어 감상하며, 천상 교육자이셨던 선생님을 우러릅니다.

동기간 한 몸 같이
아끼며 보살피며
준 것은 잊더라도
받은 은혜 잊지 말고

서로가 도와 가면서
한결같이 지내라.

하루 종일 놀더라도
논 표는 아니 나고
도막 시간 책 읽으면
공부한 표 금방 난다.
하물며 매일 힘쓰면
뛰어나게 되는 법.

남의 것은 짚 검불도
어려운 것이란다.
폐 안 되게 살아가기
쉬운 일이 아니란다.
신세를 지는 것보다
보태주며 살아라.

나 하고 싶은 일은
암만 해도 표 안 나고
남 위해 하는 일은
작은 것도 표가 난다.
남들을 이롭게 하면
나도 빛이 나는 법.

—「할머니 말씀」 전문

유동삼 선생님 댁에서는 제사 때 낭독하는 '축문' 대신 시조 '할머니 말씀'을 낭독한다는 말씀을 신문기사에서 읽은 바 있습니다. 저의 집안에서도 한문으로 된 '축문' 대신 한글로 풀어서, 그리고 축문을 낭독하는 사람에 따라 보태고 뺄 수 있게 하였더니 훨씬 자연스러워졌습니다. 이 또한 선생님의 지도를 받아 실천한 일이었으니, 이제 어디에 가서, 욽모 선생님의 지도를 받을 수 있겠습니까?

벌써 그리운 선생님!

선생님의 부음을 듣자마자, 선생님이 사랑하시던 하늘을 바라보았습니다. 한국의 초가을 하늘 아래 구절초와 마타리가 하늘거리는 우리의 산기슭이 세계에서 가장 아름답다고 하시던 말씀을 다시금 떠올립니다. 언제나 다정다감하게 시조 창작을 지도해 주시던 말씀도 벌써 그립습니다. 우리 말글에 대한 사랑을 지키자고 다짐하시던 모습도 벌써 그립습니다. 정훈 선생님을 비롯하여 대전의 원로 문인들이 계신 자리에 저를 데리고 가셔서 인사드리게 이끄시던 그 때가 정말 그립습니다.

선생님, 저희들에게 교훈과 정서적 아름다움을 나누어 주시고 떠나신 선생님, 선생님께서는 저희 곁을 떠나셨지만, 저희들은 보내드리지 않았습니다. 선생님이 그리울 때마다 가슴에 묻어 놓은 추억을 꺼내어 생시인 듯 인사드리겠습니다.

언젠가 저희들이 선생님의 뒤를 따라 가거든 선생님께서 반겨주십시오. 숨이 가빠 힘들다고 말씀하셨는데, 비옵나니, 그곳에서는 부디 강건하소서. 이곳에서 이끌어주시던 것처럼 맑은 미소를 지으소서.

2021년 7월 31일
육모 선생님을 추모하며 리헌석 삼가 올림

제 1 편

교과서 작품의 서지적 개관

초등학교 5-2 국어 교과서 서지적 개관

—「할머니의 말씀」을 중심으로 —

국 어
말하기·듣기·쓰기
5—2

일상 생활의 경험을 시조로 지어 보자.

1. 시조의 형식을 생각하며 '할머니 말씀'을 읽어 보자.

할머니 말씀

동기간 한몸같이 아끼며 보살피며
준 것은 잊더라도 받은 은혜 잊지 말고
서로가 도와 가면서 한결같이 지내라.

하루 종일 놀더라도 논 표는 아니 나고
도막 시간 책 읽으면 공부한 표 금방 난다.
하물며 매일 힘쓰면 뛰어나게 되는 법.

남의 것은 짚 검불도 어려운 것이란다.
폐 안 되게 살아가기 쉬운 일 아니란다.
신세를 지는 것보다 보태 주며 살아라.

나 하고 싶은 일은 암만 해도 표 안 나고
남 위해 하는 일은 작은 것도 표가 난다.
남들을 이롭게 하면 나도 빛이 나는 법.

66

제1장 교과서 수록 작품의 서지적 개관

초등학교 5-2 국어 교과서 서지적 개관 —「할머니의 말씀」을 중심으로

1.「할머니의 말씀」1차 수록지

1.1 수록 지면 : 4시조집『집게손가락』(1990년 12월 30일 발행, 호서문화사) 43쪽

1.2 지은 연대 : 4시조집『집게손가락』의 43쪽 작품 하단에 (1988.3) 으로 표기되어 있다.

1.3 원문

할머니 말씀

동기간 한몸같이 아끼며 보살피며
준 것은 잊더라도 받은 은혜 잊지 말고
서로가 도와 가면서 한결같이 지내라

하루 종일 놀더라도 논 표는 아니 나고
도막 시간 책 읽으면 공부한 표 금방 난다
하물며 매일 힘쓰면 뛰어나게 되는 법

남의 것은 짚검불도 어려운 것이란다

폐 안 되게 살아 가기 쉬운 일 아니란다
신세를 지는 것보다 보태 주며 살아라

나 하고 싶은 일은 암만해도 표 안 나고
남 위해 하는 일은 작은 것도 표가 난다
남들을 이롭게 하면 나도 빛이 나는 법

(1988. 3)

2. 「할머니의 말씀」 2차 수록지

2.1 수록지면 : 초등학교 교과서 '국어' '말하기·듣기·쓰기' '5-2'(텍스트 : 1997년 9월 1일 발행일, 대한교과서주식회사) 66쪽에 수록되었다.

2.2 이후 (2001년 9월 1일 발행, 대한교과서주식회사)에도 수록되었고, 이 교과서는 1996년에서부터 6년간 사용되었다.

2.3 원문 비교 : 초등학교 교과서는 학자의 이론보다 한글 맞춤법에 적합해야 하기 때문에 띄어쓰기를 바로잡는다. 또한 일반 시와 시조에서는 문장부호를 생략하는 경우도 있는데, 교과서에 수록할 때는 정확하게 사용한다. 그래서 1990년에 발간한 시조집의 원문과 1996년에 발간된 교과서의 원문을 대조하기로 한다. 교과서에 수록된 작품에는 편의상 ①에서 ⑫까지 장(章)을 구분하고 차이를 간략하게 정리하기로 한다.

2.4 원문

할머니 말씀

①동기간 한몸같이 아끼며 보살피며
②준 것은 잊더라도 받은 은혜 잊지 말고
③서로가 도와 가면서 한결같이 지내라.

④하루 종일 놀더라도 논 표는 아니 나고
⑤도막 시간 책 읽으면 공부한 표 금방 난다.
⑥하물며 매일 힘쓰면 뛰어나게 되는 법.

⑦남의 것은 짚 검불도 어려운 것이란다.
⑧폐 안 되게 살아 가기 쉬운 일 아니란다.
⑨신세를 지는 것보다 보태 주며 살아라.

⑩나 하고 싶은 일은 암만해도 표 안 나고
⑪남 위해 하는 일은 작은 것도 표가 난다.
⑫남들을 이롭게 하면 나도 빛이 나는 법.

2.5 교과서 수록 작품의 비교 대조

③장 - 마침표 첨가
⑤장 - 마침표 첨가
⑥장 - 마침표 첨가
⑦장 - '짚 검불도' 띄어쓰기, 마침표 첨가
⑧장 - 마침표 첨가
⑨장 - 마침표 첨가
⑪장 - 마침표 첨가
⑫장 - 마침표 첨가

2.6 교과서 작품을 통한 구체적 학습 목표가 제시되어 있다. 66쪽부터 68쪽까지 3쪽에 걸쳐 그 세항을 정리한다. 전문을 소개하기에 앞서 <일상 생활의 경험을 시조로 지어 보자.>는 학습 목표가 제시되어 있다. 그 학습 목표 아래 <1. 시조의 형식을 생각하며 '할머니 말씀'을 읽어보자.>라는 말에서, 우리 겨레 문학에서 가장 유구한 역사를 가진 시조 형식에 대한 이해를 아래 단위 학습 목표를 설정하고 있다.

이어서 아래와 같은 인용문을 통하여 음보(音步) 단위로 읽어야 함을 제시한다. 음보는 '시가(특히 시조)를 읊을 때 한 호흡 단위로 느껴지는 운율(韻律) 단위'라는 것을 확인하게 한다.

> 동기간/ 한몸 같이/ 아끼며/ 보살피며
> 준 것은/ 잊더라도/ 받은 은혜/ 일시 밀고
> 서로가/ 도와 가면서/ 한결같이/ 지내라>

또한 <2. 부모님이나 선생님으로부터 말씀을 들었던 경험을 바탕으로 하여, 시조를 지어보자.>는 아래 단위 학습 목표 아래, 구체적 방법을 제시한다. <(1) 부모님이나 선생님으로부터 어떤 말씀을 들었는지 간단하게 적어 보자.> <(2) 어떤 상황에서 그런 말씀을 들었는지 자세하게 적어 보자.> <(3) (1)과 (2)의 내용을 바탕으로 하여 시조를 지어 보자.> 그리고 <3. 자기가 지은 시조를 발표하여 보자.>라는 아래 단위 학습 목표를 제시한다.

인용문을 통하여 음보(音步) 단위로 읽어야 함을 제시한다. 음

보는 '시가(특히 시조)를 읊을 때 한 호흡 단위로 느껴지는 운율(韻律) 단위'라는 것을 확인하게 한다.

또한 <2. 부모님이나 선생님으로부터 말씀을 들었던 경험을 바탕으로 하여, 시조를 지어보자.>는 아래 단위 학습 목표 아래, 구체적 방법을 제시한다. <(1) 부모님이나 선생님으로부터 어떤 말씀을 들었는지 간단하게 적어 보자.> <(2) 어떤 상황에서 그런 말씀을 들었는지 자세하게 적어 보자.> <(3) (1)과 (2)의 내용을 바탕으로 하여 시조를 지어 보자.> 그리고 <3. 자기가 지은 시조를 발표하여 보자.>라는 아래 단위 학습 목표를 제시한다.

3.「할머니의 말씀」 3차 수록지

3.1 수록 지면 : 6시조집 『소쩍새』(2002년 12월 10일 발행, 예일기획) 113쪽

3.2 원문 : 1차 수록 작품 재수록.(시선집 : 4시집 수록 작품 중에서 25편을 자선(自選)하였는데, 이에 선정되어 수록되었다.

제 2 편

시조집 6권의 서지적 개관

1시조집 『유동삼 시조집』
2시조집 『꽃마을』
3시조집 『새꽃밭』
4시조집 『집게손가락』
5시조집 『물이랑 바위랑』
6시조집 『소쩍새』

1시조집 『유동삼 시조집』 서지적 개관

(1967. 세로쓰기, 137쪽, 회상사, 값 百五十원)

1. 표지(저자도 원본이 없어 복사본을 남기었음)

1.1 앞표지 : 우측에 세로로 길게 그림(겉장 그림 김철호, 복사 상태)이 있다. 좌측에 세로글씨 '유동삼 시조집'(겉장 글씨 박충식)(필기체, 도안체)이라 쓰여 있다.

1.2 속표지 : 좌중앙에 '유동삼 시조집'(인쇄체, 고딕)이라 세로로 쓰여 있다. 약간 하단에 '회상사'(인쇄체, 고딕)라 가로로 쓰여 있다.

1.3 책등 : 위에서부터 '유동삼 시조집'이라 세로로 쓰여 있다.

1.4 뒤표지 : 백지(글짜나 도안이 없음)

2. 서문(序文) - 정훈 시인의 서문을 〈 〉 안에 옮긴다.

〈조촐한 시집(詩集)이다. 작자 스스로도 「등대지기」라던가 「창」 「소」 「윷」 …… 등을 대표작으로 지적하듯이 한국을 생활하는 한국인의 의식(意識)을 잘 표출(表出)하고 있다. 글들을 읽어 가는 동안 씨(氏)를 알았고 또 알고 지내는 나의 까닭에 부끄럼이 없다고 새삼 미더워했다. 진솔하며 소박한 원시의 자세가 시작(詩作)의 중요한 부분임을 보여 주었기 때문이다.

이를테면 국문학을 전종하는 분이 시작(詩作)에서도 매우 능력이 있는 기량(技量)을 정시(呈示)한 셈이다.

원래 유동삼(庾東三)씨가 시조집(詩調集)을 내야겠다는 말은 바로 몇 해 전 일인데 겸허한 미룸이 이제야 출간을 보게 되었다고 들었다. 작가가 확보해야 할 근본적인 도덕을 갖추고 있어 이분은 우리를 흔쾌하게 하는 것이다.

지금처럼 작은 보탬이라도 시조의 발전에 큰 거름이 되지 않을 수 없는 때가 일찍이 없었다. 우리가 우리의 혈액 속에 담고 있는 고무한 집착을 청산해야 하므로서이다.

사실 시조가 우리 고유의 정서 발현의 장구(匠具)인 점은 아마 형식의 다양함에 그중 있지 않을까 한다.

그러나 현대의 시조가 장수 채우기의「외향놀음」에 그쳐서는 아니됨과 하나의 전신(轉身)이 있어야 옳다는 의견은 이미 상식인 바이다.

비라기는 유동삼씨도 이 현대적인 성향(性向)을 충분히 납득하고 발양(發揚)하도록 함께 노작(勞作)해야 할 줄로 안다.

정미 초하(丁未 初夏) 정훈〉

3. 차례 : 〈1〉〈2〉와 같은 숫자로 부를 나누고, 그 안에 여러 작품을 포괄하고 있다.

서문 - 정훈

〈1〉 - 하늘/ 바다 /창 /봄바람 /신록송 /차창을 내다보며 /상아탑 /죽림 /울홧병 /山村春景

〈2〉 - 오디 /소쩍새(1) /소쩍새(2)/대사리 /버마재비 /토끼 /괴성아 /숙희 /추수 /운동회 /소나기 /꿩 /전깃병아리 /등대지기 /

〈3〉 - 윷 /달창이숟가락 /멱둥구미 /永座別曲 /김칫독 /서표 /연필 /후발치 /

〈4〉 - 수련 /불두화 /함수초 /상사화 /수양버들 /백일초 /진달래 /채숭아 /맨드라미 /

〈5〉 - 소 /말 /때까치 /참새 /할미새 /비단벌레 /서 서방 /소리개 /

〈6〉 - 추석 /혈육 /五남매 /思鄕三谷 /연자방아 터 /도란도란 소리 /빗소리 /장마 /일기 /

〈7〉 - 충무공 /안중근 의사 /경주기행-① 다보탑 /② 석가탑 /③ 포석정 /④ 반월성 터 /⑤ 석빙고 /⑥ 활룡사 터 /⑦ 첨성대 /보문산 /대전 역 /黃支本線 /고향 점경-① 사기점골 /② 도선바위 /떠나시는 날 /기도 /

끝에 붙이는 글 - 황희영

겉장 글씨 박충식, 겉장 그림 김철호

4. 끝에 붙이는 글 : 황희영 교수의 해설 형식의 글이 수록되어 있는데, '연구자료'에 수록하기 때문에 생략한다.

5. 판권(세로로 배열되어 있어, 우측에서부터 옮긴다.)

유동삼 시조집, 발행인 박홍구, 발행소 회상사

(등록번호 사 6호) 충남 대전시 중동 35-3 전화 2-1263

값 百五十 원

1967년 6월 10일 인쇄, 6월 15일 발행.

6. 자선 대표작(6시조집 참조, 편저자 가감)

* 창

동으로 트인 여닫지 않는
이 조금만 창문

한 조각 유리로만
창살도 없이 벽에 붙은 것이언만

주야를 먼저 알고서
방 안으로 알리네

추우면 성에 끼고
어두면 거울도 되고

보름달 방안 가득히
환히 비쳐도 주고

어둔 방 제 깜냥으로
쉴 새 없이 밝히네

밖이 어두우면
안에서 빛을 주고

안이 어두우면

밖에서 빛을 준다

두 세상 그 틈에 끼어
한가한 듯 바쁜 몸

* 소쩍새(1)

금년엔 풍년들어
그 큰 솥도 작겠다고

솥 적다 솥 적다
걱정되어 우느냐

그래라 솥이 작으면
짓고나서 또 지으마

* 소쩍새(2)

나더러 꽃이 될래?
새가 될래? 묻는다면

푸른 하늘 맘대로
쏘다니는 새 될래요

휴전선 저 너머까지
날아 갔다 오게요

새가 된다면
무슨 새가 되겠냐고?

풍년들라 울어대는
소쩍새로 태일래요

해마다 풍년들라고
목쉬도록 울게요

* 후발치

쓰시고 한축나다
곪는가 뜨끔뜨끔

건드리면 성이 나고
그냥 두면 근질근질

모처럼 얼린 한 잔에
욱신욱신 새채비냐

안 먹는다 다짐하면
고기 술 더 생기고

에라 먹고 나면
에누리 아니 한다

안 뵈는 뒷전에서도
영낙없이 아느냐

* 수련(睡蓮)

이끼 낀 바위 틈에
회양목 푸르르고

장미는 노랑 빨강
못가에 정다운데

새하얀 수련 한 송이
순희처럼 피었다

분수는 힘차게도
하늘로 솟구치고

금붕어 연잎 속에
숨었다 또 나오고

그 잎에 떨어진 물은
은구슬로 구른다

떠 있는 풀일망정
뿌리는 박혀 있다

존다고 수심이야

잊을 리 있겠느냐

자다도 때만 되거든
늦지 말고 피어라

* 불두화(佛頭花)

분홍도 노랑도
새파랑도 다 마다고

하양도 싫다 하여
초록을 엷게 들여

염불만 외고 있대서
불두화라 부릅니까

뭇 꽃 노래하고
한참 시시대다가

무상한 그 길을
또 걸어 사라지고

스님만 이제 피어서
그 넋두리 합니까!

* 수양버들

오월달 따슨 볕에
백설이 분분하다

그나마 열매라고
지성으로 솜에 싸아

어디라 정처도 없이
바람 태워 보낸다

만에서 하나라도
호숫가 글짝으로

운명은 송두리째
바람에 맡겼어도

태연히 낮잠 재우는
수양버들 그늘 밑

못 이룬 소원들이
쌓이고 맺히어서

머리 푼 여인으로

한세상 설울망정

기도는 변함이 없다
고개 숙인 가지들

* 충무공

해달이 구름 낀다
제 빛을 멈추던가

참소로 갇힌다고
나라 사랑 변하던가

찬란히 빛나는 보람
내 역사를 지킨다

기우는 조국 하늘
정성으로 받드시려

온갖 더러움도
사랑으로 묻으시고

복된 땅 길이 번지라
가다듬어 두신 임

해마다 모여드는
사월 스무여드레

현충사 마당에는

가슴마다 다지건만

올 봄도 푸르른 강산
변함없는 뱀밭 들

임의 손 간 데마다
향기는 번지는데

잘라진 줄기에도
새 움으로 솟아올라

소담한 한 송이 꽃은
언제 피어나려나

* 떠나시는 날

이십 년 하루같이
영육에 바치신 몸

떠나실 오늘 다시
가까이 우러르니

센 머리 주름살마다
그 공적이 어려라

운동장 내다보시는
스승님 그 심정도

허전한 천 오백의
메는 듯한 가슴들을

비둘기 저도 아는 양
우는 소리 슬퍼라

남기신 가르치심
받들어 더 배우고

영원히 그 은혜

잊지 말자 다짐하는

저희들 축원합니다
만수무강하소서

* 기도

하느님! 하느님께
두 손 모아 비나이다

용화산(龍華山) 천호산(天壺山)에
신약(神藥)이 있사오면

우리 임 꿈에 알리어
어서 낫게 하소서

원수(源水)골 맑은 물은
그친 적이 없사오니

땅속에 묻힌 묘약
물에 녹여 보내시어

잡숫자 기운 나시게
힘을 빌려 주소서

진사동(眞絲洞) 흐른 물이
바다로 가거들랑

온 누리 골골에서

모여든 벗들에게

자세히 특효약 물어
구름 비로 오소서

1966. 6. 19 가람 스승님 문병을 하고서

2시조집 『꽃마을』 서지적 개관

(1970. 가로쓰기, 121쪽, 금강출판사, 값 300 원)

1. 표지

1.1 앞표지 : 앞표지 그림은 정현수의 작품이다. 그림이 위와 아래로 나뉘어 배치되어 있다. 글은 가로쓰기로 배열되어 있다. '꽃마을' 제목은 박충식의 제자로 목차에서 밝히고 있다.

'유동삼 제2시조집'

'글강출판사'

1.2 속표지 : 속표지 중하단에 컷이 배치되어 있고, 표지와 같은 글씨가 가로로 위치하고 있다.

1.3 책등 : 위에서부터 '시조집' '꽃마을' '유동삼 지음' 등으로 표기되어 있다.

1.4 뒤표지: 흰색 바탕을 그대로 두고 있다.

2.차례 : 〈1〉과 같은 숫자로 부를 나누고, 부의 제목을 쓴 다음 작품의 목차가 페이지와 함께 정리되어 있다.

〈서시〉 꽃 마을에 붙여 - 정훈

책 머리에 - 지은이

〈1〉 비만 와도 우는 뜻은 - 시계/삼엽국화/선풍기/꽃기린/꽃밭/가짓잎 해바라기/엄마/여름 겨울/내 동생/병아리/우리 언니/일요일

밤/시간표/그림자/낙엽/서표/허수아비/우산/청개구리/파리/

〈2〉 꽃 마음 - 올라간다/더 멀리/줄 넘기/입/귀/저금통/도막 연필/내 필통/아침 청소/게시판의 오뚝이/결상/꼭지 꼭꼭/양동이/꽃 마음/거울/교실/거울과의 대화/닭아 닭아 몇이던/개야 개야 찾느냐/닭/밤/창(2)/이순신 장군 동상/물 마네/뻐꾹새/식장산/새 마음 새 뜻으로/

〈3〉 엽전 팔 푼 동전 팔 푼 - 쇠비름/시험/비야 비야/추위/더위/뽕나무/삼벌레/개야 개야/엿장수 똥구멍은/기차/다람쥐/

〈4〉 맑은 맘 가다듬고 - 어항 속의 금붕어/저녁놀/무지개/이슬/꾀꼬리/부엉이/올빼미/강물/소리개/바닷물/

〈5〉 진달래 품은 꿈은 - 과꽃/함수초/기생꽃/봄비/진달래/붓꽃/코스모스/해바라기/금잔화/5월 한낮/주먹 선인당/들국화/꽃 마을/꽃씨/무궁화/충무공/당아욱/꽃밭을 가꾸면서/제라늄/상사화/며느리미씨깨/

〈6〉 촛불 마주 들다 보면 - 소쩍새(3)/한산섬의 밤/체타령/충무 해양대/어둠은 내 촛불로/절구/자화상/거미/신탄진 수영장/속리산 수정봉에 올라/보릿고개/나제통문/

3 서시

〈서시〉 "꽃마을"에 붙여 / 정훈

꽃을 심는 마음은
착한 마음씨겠습니다.

꽃을 가꾸는 마음은

또한 거룩한 것입니다.

그러기 꽃이 피는 마을은
다숩기만 합니다.

꽃의 마음은 어질고
곱기만 한 것입니다.

꽃에는 미소와 사랑과
평화가 있습니다.

그러기 꽃 피는 마을은
아름답습니다.

마을 마을마다
온통 꽃으로 덮이면,

마을은 모두 모두
화목하겠습니다.

그러기 꽃 숲 덮인 나라는
복되기만 합니다.

1970년 11월
해남 정자에서

4. 책 머리에(밑줄을 그은 곳이 있으나 단어에 따른 것이어서 생략함)

시조는 우리의 고유한 국민 문학인 동시에 우리의 자랑거리의 하나이다. 이 자랑거리를 널리 학생들에게까지도 읽히고 짓게 하고 우리의 멋을 알게 하는 일은 꼭 필요한 일이라고 생각한다. 이것은 바로 조상의 빛난 얼을 오늘에 되살리는 일이 아니겠는가!

시조 공부로 맨 처음에 할 일은 가락에 맞추어 읽는 일이라 하겠다. 초장 중장 종장이 각각 8박자의, 1 수는 24 박자로 읽어져야만 한다.

예를 들면 (다음 밑줄은 1 박자를 표시)

나비야 청산 가자 범나비야 너도 가자
가다가 저물거든 꽃에 들어 자고 가자
꽃에서 푸대접하거든 일에서나 자고 가자

엄마 손 꼭 쥐고 발길을 걸으면
어두운 산길도 무섭지 않아요
아플 때 만져 주시면 골치도 배도 다 나아요

1 자를 1박자로 읽는 데가 있고 4 자 이상도 1 박자로 읽는 데도 있으나, 대개는 2 자를 1 박자로 읽게 된다. 학생들에게 소리를 맞추어 일제히 읽기를 시키면 대개 이렇게들 읽는다. 이것이 바로 시조 읽기의 기본 가락이다. 이것은 새로운 이론이 아니라, 대개들 그렇게 하고 있는 것이다.

읽기 과정을 어느 정도 익히면 짓기로 들어간다. 짓기의 맨 처음 과정은 홑장 시조 짓기를 하는 것이 효과적이다. 8 박자만 맞추면 된다.

예를 들면

<제목> <홑장 시조>

1. 저녁놀 : 목장도 양떼도 해도 온통 분홍빛 천지
2. 일요일 밤 : 온 식구 연속극 보는 밤 나만 숙제 합니다.
3. 함수초 : 신경질 가라앉히고 키 좀 커라 미모사
4. 밤 : 부푼 맘 달래 주는 밤 엄마 같은 이 한밤
5. 허수아비 : 아들딸 어디 가고 홀로 선 허수아비
6. 꽃밭 : 나팔꽃 제일 먼저 일어난다 자랑인가
7. 봄비 : 꽃밭에 가랑비가 보슬보슬 물을 주네
8. 금붕어 : 떠오르다 가라앉다 가만히 서도 본다
9. 부엉이 : 송곳바위 굴 안에서 큰 입으로 울 게다
10. 들국화 : 눈 속에 얼어 지낼 걱정도 있었느냐

홑장 짓기를 어느 정도 익히면 겹장 시조 짓기로 들어간다. 겹장 시조는 16 박자면 된다. 겹장 시조의 예를 들면

1. 꽃밭을 가꾸면서 : 꽃 모종 이른 아침 가랑비 옷 젖어도
   꽃 피는 그날 생각에 가슴 절로 설렌다.
2. 토막 연필 : 새 연필 사이에 껴 떠날 줄 모르느냐
   착한 맘 하도 고마워 필통 속을 지킨다.
3. 일요일 밤 : 낮에는 술래잡기 만화만 읽었어요.
   온 식구 연속극 보는 밤 나만 숙제합니다.

4. 병아리 : 밤에는 옹기종기 맞대고 자다가도
엄마가 그리워지면 삐약삐약 웁니다.

<겹장>에서부터는 그리 쉽지는 않다. 상당한 창의성이 필요하다. 글짓기는 다 그렇지만 시조는 특히 창의성을 기르는 데에 도움이 된다고 한다.

국민 학교에서부터도 시조를 익히고 시조가 진정으로 우리의 국민 문학을 이루도록 시조 운동을 전개하는 일환으로 감히 이 시조집을 내 놓는다.

시조를 통해서 우리 겨레의 정서를 순화하는 일은 지극히 합당한 일이겠다.

모든 국민이 (어린이들 중고 학생까지도) 시조를 친근히 하는 계기가 된다면 다행한 일이라고 생각한다.

우리 집 담 밑에
몇 포기 자란 꽃이,

이웃으로 번지어서
온 마을이 꽃 마을.

한 마을 꽃 마을 되면
옆 마을도 꽃 마을

이 마을 저 마을이
꽃 마을로 번져 나가

이 마음 저 마음들
꽃 맘으로 가다듬어

강산도 겨레 마음도
꽃 나라를 이뤄라.

1970년 11월 15일
지은이

5. 판권(상단에 지은이 소개, 하단에 판권 내용)

5.1 지은이 : 1925년 대덕군 기성면 평촌리에서 남. 기성 국민학교, 청주 사범학교, 세종 중등 국어 교사 양성소 졸업. 국민학교, 중학교 교사로 25년째 근무. 청자 시조 문학회, 충남 문인 협회, 한글 학회, 민족 문회 협의회, 한글 전용 국민 실천회, 대전시 중등 국어 교육회 회원, 1967년 유동삼 시조집 발간

5.2 판권(가로쓰기로 된 행을 순서대로 옮김)

시조집 꽃마을
1970년 12월 1일 박음
1970년 12월 10일 펴냄

지은이 : 유동삼
펴낸이 : 장순하
박은이 : 명일인쇄소

펴낸곳 : 금강출판사

서울특별시 종로구 인사동 165

등록 : 1970. 2. 5 No. rk 2573

값 300원.

6. 자선 대표작(6시조집 참조 및 편저자 가감)

* 청개구리

일하라면 놀다 오고,
묻으라면 파 헤치고,

산으로 가라 하면
들로만 가 버려서,

엄마는 속썩다 못해
병이 나고 말았네.

마실 약 사 오라면
바르는 약 사 오고,

의사를 부르라면
점장이 데려오고,

깊은 병 고칠 길 없어
죽게 됐대 도리없이,

산에 묻으라면
냇가에 묻을까봐,

냇가에 묻어 달라

반대로 유언하고,

한숨을 길게 내쉬더니
다시는 숨을 안 쉬더래.

그제야 저희 엄마
죽은 것이 원통하고,

이른 말 어긴 것이
뉘우쳐져 울고불고,

유언은 어길 수 없다고
냇가에다 묻었대.

먹구름 잔뜩 끼고
비만 와도 우는 뜻은,

장마져 엄마 무덤
떠내려 갈까 싶어,

삼형제 모여 앉아서
개굴개굴 운대요.

* 식장산

옛날에 한 부부가
옹기 장사 했더래요.

늙으신 어머니와
어린 딸 네 식군데,

날마다 죽게 벌어도
못 면하는 굶주림.

하루는 죽 한 그릇
보친 점심 마련하고,

어린 딸 떼어 노혹
먼 길 장사 갔다 오니,

모친은 허지져 눕고
아린것만 반기더래.

자식은 또 나면 되고
어버이 굶기다니,

밤중에 의논 끝에

어린 딸 없애려고,

첫새벽 잠든 새 업고
괭이 들고 떠났대.

한곳에 이르러서
묻을 곳 땅을 파니,

이게 웬일 금식기가
번쩍번쩍 눈부셔라.

고운 맘 길이 번지게
착한 식구 복 준 산.

* 기차

충청북도 충청남도
전라북도 전라남도,

경상남도 경상북도
강원도랑 경기도랑,

특별시도 다 가 보고
제주도만 못 가 봤다.

함경북도 함경남도
평안북도 평안남도,

황해도랑 경기도랑
강원도랑 삼 개 도는,

삼십 팔 도 지나갔다
남북 통일 언제 되나.

칙칙폭폭 칙칙폭폭
남도북도 남도북도

칙칙폭폭 칙칙폭폭

엽전 팔 푼 동전 팔 푼

칙칙폭폭 칙칙폭폭
남북 통일 남북 통일.

* 상사화

겨우내 그리다가
뿌리치고 나온 게다.

모진 눈발 오히려
불덩이 식혔을라.

늦은 봄 제 열에 못 이겨
시늠시늠 시든다.

여름내 뼈물러서
초가을에 솟구친다.

어차피 못 찾을 것
일찌감치 체념이나……

제 뜻도 못 이룬 것이
열매인들 남기랴.

추위는 견딜망정
더위는 질색인가.

해마다 잎은 나도

꽃은 걸러 피는 것이……

상사몽 늦더위 속에
큰 물살이 났느냐.

* 절구

통고추 짓이기어
큰 뱃속 막 쓰려도,

새각시 기를 쓰고
공이질 펴부어도,

뻐물러 앉은 자리라
참고 견뎌 사느냐.

모처럼 볶은 참깨
입맛이 당기어도,

보리만 대끼다가
떡방아 흐뭇해도,

잔재미 쑥스러운가
입 무거워 못 웃나.

즐거운 가락에는
춤도 덩실 추려무나.

내키면 가다듬어

한 곡조 불러 보렴.

속 빈 놈 덤벙거린다
어느 뉘가 흉보랴.

* 거미

담장 위 낮은 하늘
투명색 그물 치고,

오그린 체 한복판에
긴긴 해 다 지도록,

한 마디 노래는커녕
발소리도 못 낸다.

구름만 흘러가도
비 올 줄 미리 알고,

처마 속 기어들어
하늘 개면 또 나오니,

일 않고 그물 하나로
먹고 살기 힘든다.

꽃 찾아 헤매다가
돌아가는 나비들이,

죄없이 걸려들면

사정 없이 바수는 맘.

차라리 양심이나 없으면
홀가분한 내 신세.

* 신탄진 수영장

먼 데서는 푸른 물이
가까이 보니 하얀 물.

하얀 물 은모래를
몇 만 번 헹궜는가.

저토록 쑤어려 쌓건만
흙탕물도 안 인다.

바닥도 은모래
이름도 비단강.

두 손에 떠 본 물
하도 맑아 머금는다.

어른 애 땀에 젖은 몸
다 씻고도 맑은 강.

모래톱 부는 바람
불인 양 화끈화끈.

무슨 병 고친다고

모래찜들 하는건가.

무좀에 좋은 듯해서
나도 한 번 버텨 봤다.

인도교 바로 아래
바람도 시원하다.

수영복바람으로
그늘 찾아 누웠는데,

어느새 불양지 들어
잠든 나를 깨우네.

* 보릿고개

먼 산 나물 뜯어 오는
줄 지은 여인네들.

점심도 안 하고서
긴긴 해 그냥 참아,

시장도 길이 들었나
발걸음도 바쁘다.

느락골 강변쯤은
시동생 마중 생각.

이야기들 멈추고 나면
고개만 더 아프고,

햇보리 잡을 때까지
한 열흘이 까마득.

* 소쩍새(3)

소쩍새는 이 밤중에도
지성으로 울고 있네.

목이 터지도록
풍년을 빌고 있나.

해마다 풍년만 들게
소쩍 소쩍 울어라.

소쩍 소쩍 우는 해는
풍년이 드는 해,

소탱 소탱 우는 해는
흉년이 드는 해,

밤 새워 풍년만 들게
목쉬도록 울어라.

* 거울과의 대화

“얼굴은 길어지고
눈 하나는 내리붙고,

내 얼굴 비슷한데
내 얼굴 아니어라.

거울이 거울이면 다 거울이냐?
거울다와야 거울이지.”

“미 음이 비뚤은데
얼굴은 바를라고,

거울을 탓하느냐
제 마음 안 고치고,

사람이 사람이면 다 사람이냐?
사람다와야 사람이지.”

3시조집 『새 꽃밭』 서지적 개관

(1981. 세로쓰기, 135쪽, 미광사, 값 1,000원)

1. 표지

1.1 앞표지 : 제목 '새 꽃밭'은 송재희 님의 서예 작품이다. 앞표지 중앙의 컷은 허인무 시조시인의 난 그림이다. 위에서부터 차례로 '유동삼 제3 시조집' '새 꽃밭' '1981'이 표기되어 있다.

1.2 앞의 면지 - 앞표지 안쪽의 면지에 사설시조 1편이 수록되어 있다.

> 일신이 살자 하니 물 것 겨워 못 살겠네.
>
> 팟겨 같은 가랑니, 보리알 같은 수퉁니, 줄인 이, 갓깐 이, 잔 벼룩, 굵은 벼룩, 강벼룩, 왜벼룩, 기는 놈, 뛰는 놈, 비파 같은 빈대새끼, 사령 같은 등에아비, 갈 따귀, 사모야기, 센바퀴, 누른 바퀴, 바그미, 거저리, 부리 뾰족한 모기, 다리 기단 모기, 야윈 모기, 살찐 모기, 그리마, 뾰로기, 주야에 빈 때 없이, 물거니, 쏘거니, 빨거니, 뜯거니, 심한 당비리에서 어려워라.
>
> 그 중에 차마 못 견딜손 오뉴월 복더위에 쉬파린가 하노라(옛 시조)

1.3 속표지 : 중앙에 일출 사진이 흑백으로 배치되어 있고, 상단에 '새 꽃 밭' 하단에 '유동삼 제3 시조집'이 표기되어 있다.

1.4 뒤의 면지 - 뒤 표지 안쪽의 면지에 사설시조 1편이 수록되어 있다.

임이 오마 하거늘 저녁밥을 일 지어 먹고

중문 나서 대문 나가 지방 위에 치달아 앉아, 이수로 가액하고, 오는가 가는가 건넌산 바라보니, 검어희뜩 서 있거늘 저야 임이로다. 버선 벗어 품에 품고, 신 벗어 손에 들고, 곗배 임배 임배 곰배, 천방 지방 지방 천방, 진 데 마른 데 가리지 말고, 위당충창 건너 가서, 정의 말을 하려 하고, 곁눈을 힐끗 보니, 상년 칠월 사흗날 갉아벗긴 주추리 삼대 살뜰히도 날 속였다.

모처라 밤일시망정 행여 낮이런들 날 우일 뻔 하괘라. (옛 시조)

1.5 뒤표지 - 백색.

2. 머리말

동학사보다 더 큰 어떤 절을 끌라 한 도승이 찾아 가는데, 콩나물 하나가 물에 떠 내려 오는 것을 보고, 이절에 큰스님 없겠다고 발길을 돌리려는 판에, 작은 중이 콩나물 잡으러 헐레벌떡 뛰어 오더니, 그 콩나물을 건져 가지고 올라가더래. 이것을 본 도승은 과연 훌륭한 일이라고 다시 올라 갔더래. 외솔 선생님 지으신 <나라 사랑의 길>에서 읽은 이야기이다.

이것은 우리에게 생활의 근본이 질서 지키는 데 있음과 작은 일도 소중히 여겨야 된다는 것을 말해 주고 있는 것이다.

하루의 근무를 마치고, 책상 위를 다 치우고, 서랍까지 잠갔는데, 바늘못 한 개가 눈에 띄면 다시 서랍을 열고 그것을 제 자리에 넣곤 한다. 이런 때의 내 마음은 차분하게 가다듬어진 상태일 것이다.

내 마음이 가다듬어져 있는 동안, 또는 흐트러진 마음을 가다듬기 위해서의 시간을 이 시조 짓기로 대부분을 보내 왔었다.

하나의 작품을 완성하면 내 마음이 그만큼 깊어지고 여무는 듯한 즐거움에서 계속해 오고 있다.

여러 해 동안 지은 시조 중에서 간추려서 책으로 매 두는 것을 망설이다가, 한국 문화 예술 진흥원에서 출판비를 지원해 주게 되어 이 책을 펴내게 되었다.

문예 진흥을 꾀하는 당국과 내 원고를 심의해 준 심사 위원들께 고마운 뜻을 표한다.

1981. 9. 1.

유동삼

3. 차례

[제1부] 범의 귀 - 꽃나무들/꽃마을/진달래/새꽃밭/범의 귀/고춧모/해바라기/무궁화/느티나무(가)/ (나)/눈솔/여주/상사화/달맞이꽃/감/족제비싸리/꽃밭을 개가/자귀나무꽃/꽃샘 추위/수련/

[제2부] 소쩍새 - 소쩍새(가)/ (나)/ 태극기/거미/세종대왕 (가), (나), (다), (라), (마)/훈민정음/등불 백을 켠 밝음이/유금필 장군/충무공/기차 안 독서실/동해와 설악/성류굴/경포대/포항 제철/태종대/은진미륵/너/청양/산토끼 노래에 이어서/시계/

[제3부] 개미 - 하늘/별나라/호수/겨울/모래/덜짱이/개미(가), (나)/발자국/우리 식구/도드미/성냥/모기/바다처럼 산처럼/성격/쥐불/낙영당/풀돌/개미와 쉬파리/

4. 작품 해설 : 이도현의 작품해설이 있으나. 작품 연구에 수록하기 때문에 생략한다.

5. 저자 소개 - 133쪽에 저자 소개가 있음.

충남 대덕군 기성면 평촌리 증촌에서 1925. 9. 8일에 나고 기성초등학교 졸업

청주 사범 심상과 졸업

문교부 위촉 세종 중등 국어교사사 양성소 졸업.

1967 : 유동삼 시조집 발간

1970 : 시조집 꽃마을 발간

충남 문인협회 회원. 한국 시조 시인협회 회원

충남 아동문학회 회원. 가람문학회 사무국장

충남 외솔회 회장. 한글학회 대전 지회장.

한국국어교육학회 회원. 한국국어교육연구회 회원

한밭중학교. 대전중학교. 천안중학교. 대전여자중학교 교사.

충남교육연구원 교육연구사. 청양중학교 교장

논산군 교육청 장학사

충남 대전시 중구 대흥 3동 384-26 ②8637

6. 판권 - 위에서부터 표기

제목 글씨 : 송재희

표지 그림 : 허인문

작품 해설 : 이도현

시조집 새 꽃밭
1981년 9월 6일 찍음
1981년 9월 20일 펴냄

지은이 : 유동삼
펴낸데 : 도서출판 미광사
(등록번호 : 제 사-49호)
찍은데 : 명문사
전화 (72) 7026 6126
값 : 1,000원

이 책은 문예진흥원에서 출판비 일부를 지원받아 펴내게 된 것임.

7. 자선 대표작(6시조집 참조 및 편저자 가감)

* 범의 귀

쫓기다 붙잡히어
산멱 물어 뜯기는
외마디 소리,

온 몸에 메아리져
허기도 눈물도 눈치마저
다 잊은 밤,

새끼범 묻힌 골짜기
한겨울에도 사는 풀,

먼 숲속 바람결에
수펌 한 마리
우는 소리,

죽은 놈 그리는지, 소가지부리는지
배고픈지, 배부른지,
제 짝을 찾는건지,

눈 밑에 눌려 있어도
쫑긋 쫑긋 다 안다.

송곳니 내 놓다가 빈 입맛 다시다가
앞발로 땅바닥을
득득 긁을 제면,

소름이 끼치고 오금도 못 펴고
가위눌려 소리 한 마디
못 지르는데,

찬 눈 속 얼지도 않고
밤과 낮을 듣는다.

1981. 1. 15

* 고춧모

텃밭에 식구끼리
비 온 끝에
심은 것이

한낮에는 드러눕고
밤에는
일어나네.

한 사흘 몸살하다가
한낮에도 서 봐라.

태양을 이기려고
누웠다가
일어났다.

어린 잎 줄기에도
매운 힘
들었는가!

매운 힘 열매에 모아
개구리 좀 이겨라.

1979 푸른 메아리

* 세종대왕 (가)

산길을 가나 들길을 가나
논밭쪽으로만
눈길이 간다.

잘된 농사 바라보면
마음 흐뭇
하다가도,

묵은 밭 한 뙈기 볼 제
가슴 덜컥 무너진다.

빚부대껴 도망갔나!
거지되어
떠도는가!

못된 병 걸려 있나?
옥에라도
갇혀 있나?

내가 왜 저들 딱한 사정
미리 알지 못했나!

텃밭 가 감나무들
하늘로
솟아 있고,

돼지 닭 우리 속에
부지런
넘치더라.

뒷곁에 대나무 우거진
알찬 살림 멋 있다.

비는 얼마나 오고
서리 오는 날
얼마나 되나!

날씨에 맞는 농사로
흉년을
몰아 내 버리자!

강우량 잴 수 있도록
측우기를 만들자!

* 훈민정음

양지바른 언덕마다
웃음소리
들려와도,

그늘진 골짜기
소리 없는
저 가난들,

못본체할 수가 없다.
밤낮 마음 걸린다.

그늘진 골짜기에도
따뜻한
입김으로,

언 몸들 다 녹이어
새 기운
차리게 하는,

큰 힘을 가지고 싶다.
태양과 같은 힘을 가지고 싶다.

밤새워 책 읽다가
글의 힘
느낀 새벽,

힘이란 아는 데 있다.
알아야만
힘 솟는다.

온 겨레 글 알게 하자!
온 겨레 글 읽게 하자!

나라에 말이 있으면
글도 따로
있어야 하는데,

나라말 적는 글이
왜 없었던가
왜 여태 없었던가!

나랏글 만들어 내자!
우리 글을 만들어 내자!

억울한 일 당했을 제
글로 쓰면
좋으련만,

<

제 뜻 못 펴는
안타까운
사람들,

누구나 다 쓰게 할란다.
누구나 다 읽게 할란다.

스무 해를 더 배워도
읽고 쓰기
힘들더라.

재주 없는 이도
뒷글로 배워
말글로 섬글로 쓰게,

잣수를 아주 적게 만들마!
소릿글로 만들마!

한 해면 배우는 글
한 달이면
깨치는 글,

아낙네 나무꾼도
아이들도

다 배우게,

하루에 터득하는 글
쉬울수록 좋겠구나!

밤중마다 개 짖는 소리
바람 부는
소리만 들어도,

머리 속 떠나지 않는
나랏글
만들어 내기,

잠 못 자 병노 났었다
눈병마저 앓았다.

소리나는 그 자리의
그 모양 본떠
첫소리를,

하늘 땅 사람 모양으로
가운뎃 소리를
만들었다.

다해야 스물 여덟 글자

그러나 못 적는 소리는 없을라!

ㄱ은 목구멍을
혀뿌리가
닫는 모양,

ㄴ은 혀 끝이
윗잇몸에
닿는 모양,

ㅁ은 입의 모양을,
이 모양은 ㅅ자.

ㄱ보다 소리가 거세면
ㅋ자,

ㄴ에서 ㄷ자
ㄷ에서
ㅌ자,

ㅅ자 기본 글자에
획을 더하여 ㅈ, ㅊ,

하늘이 둥그니
•(아래아) 자

만들었고,

땅이 편편하니
ㅡ자를
만들었고,

사람이 서 있는 모양
ㅣ자를 만들었다.

스물 여덟 글자건만
세 해나
뜸들였다.

용비 어천가
짓고 읽고
부를 적에,

기쁜 맘 가락을 타고
하늘 높이 날았다.

도란도란 정다운 말
에헴에헴
기침소리,

삐약삐약 주룩주룩

병아리 소리
비 오는 소리,

모든 말 모든 소리를
고대로 다 적는다.

사람마다 다 배워서
날로 씀에
편ㅎ게 하라!

시도 쓰고 얘기도 짓고
짓고 쓰고
읽는 동안,

글 나라 자랑스러운 나라
밝은 나라 이루라!

* 등불 백을 켠 밝음이

비구름 잔뜩 끼어
달도
별도
안 보일 제,

어둠 속 헤매다가
갈 길조차
헷갈렸다.

제 자리
서 있는 곳도
가늠할 수 없던 밤,

바로 옆이 한길인 걸
허깨비 홀린 듯이,

아무리
고누어도
쳇바귀
돌고 돌다,

아쉬운

한 줄기 빛을
목숨인 양
빌었다.

어디를 쳐다봐야
헤어나는
길이 있나!

얼마를 기다려야
비바람
그칠 건가!

깜깜한
골짜기에서
꿈만 같던
저
등불.

바듯이 찾은 길이
가시밭
모지어도,

다시 산
보람으로
아흔 아홉

이끌면서,

굳은 뜻
다지어 가며
바윗고개
넘는다.

외롭던 한 등불이
둘 되고,
셋 되더니!

심지 돋구면서
한 줄로
이어 달아,

이제는 백이나 켜져
자랑으로 밝아라!

한 백이
두 백 되고
다섯 백
열 백 되어,

한밤도
한낮처럼

안개 낀
구석마저,

바른 길
엇가지 않게
길목마다
밝혀라.

* 동해와 설악

동해는 푸른 물로
설악은 하얀 돌로,

저쪽은 직선으로
이쪽은 곡선으로,

저 그림 너희들 둘이
한 폭에다 그렸구나!

하늘도 흰구름을
곱게 곱게 그려 넣고,

안개도 저녁놀도
번갈아 칠하다가,

비바람 마구 뿌리어
다 지웠다 또 그리고,

적셨다
말렸다가
그렸다가
지웠다가,

<

몇 백 억 년 다듬었나
보는 이들 다 곱단다.

해달도 밤낮을 가려
구경하고 있는가!

1977 차령 제1집에 수록

* 개미(가)

자갈밭
함부로 가다
발 삐어
우는 일도,

높은 바위
오르내리다
떨어져
피나는 일도

우리는 그런 다친다는 따위 말은 숫제 없다.

봄날
몇 천이
한 군데로
소풍 갈 제,

종일
한 줄로만
긴 행진
벌이어도

호무룩 하나 둘 셋 넷이 아예 필요ㅎ지 않다.

땅 속
흙집이라
불 날
까닭도 없고,

믿는
이웃 사이
담 없이
지내 온다.

이마에 주름살 생길 일 생전 있을 턱 없다.

* 풀돌

바닷가 바위 언덕
바람기로
갈래내어,

큰 놈 작은 놈
짠 물에 마구 절여,
온 바다 흰 거품
맑은 물만 걷어다가,
무 씻듯
보리쌀 닦듯
씻고 낚고 뒦고 씻고,
다시 불궈
미운 데 고운 데 가리지 않고,
좌르르르 헹궈내고
문지르고
갈아내고
긁어내고
깍아내고
여린 놈
다 뭉개고
굳은 놈만 남겨 놓고
이마끼리

무릎끼리
어깨끼리
옆구리끼리
허벅지끼리
밤이나
낮이나
여름 겨울 할 것 없이,
하루에 일만 칠천 삼백 번씩,
골백억 년
예쁜 살결,

말 없는 돌이기망정 귀 하나 입 하나
달렸던들 뜬 소문깨나 날 뻔.

1978. 2 충남 문학 제10집

* 개미와 쉬파리

채에 맞아 마당에 버려 진
눈이 빨갛고 엄청나게 큰 쉬파리 하나를,

작은 개미가 뒷다리를 한 입에 물고
바듯이 끌어당기는데,
어느새 응원병 한 분대가 떼져 와
에누리없이 90도나 되는 양회 벽랑을
밧줄도 쓰지 않고 받치거니 밀치거니
끌거니 당기거니,
거뜬히 올라서서,
쉬지도 않고
또 담밑 쪽으로
꽃밭을 가로질러 행군 중이다.
날마다 이른 아침부터 진종일 바쁜 살림살이

또 옆에
촛싹 와 앉은 작은 쉬파리 하나,
차마 칠 수 없어
채 든 팔을 멈췄다.

(1976. 9. 호서 문학 제6집에)

4시조집 『집게손가락』 서지적 개관

(1990. 가로쓰기, 147쪽, 호서문화사, 값 2,500 원)

1. 표지

1.1 앞표지 :격자 무늬 테두리, 중앙에 맑은 물 사진이 배치되어 있다. 위에서부터 '호서문학 작품선 31' '집게 손가락' '유동삼 넷째 시조집' '호서문화사' 등이 표기되어 있다.

1.2 표지 날개 안쪽 - 사진과 지은이 약력

·1962년 동아일보에 시조 소쩍새 입상

·1962년 시조문학에 불두화 발표, 1965년에 시조문학에 함수초 발표

·1965년 이후 동인지 青磁(청자), 차령, 가람문학, 한밭시조 등에 작품 발표

·제1시조집 유동삼시조집(1967) 회상사

·제2시조집 꽃마을(1970) 금강출판사

·제3시조집 새 꽃밭(1981) 미광사

·제4시조집 집게손가락(1990) 호서문화사

·1987 대전일보 대일비호상

·1989 한국일보 한국 교육자 대상

·현재 가람문학회 부회장, 대전시조시인협회 회장, 논산군 국어교육 협의회 회장

·충남 논산군 벌곡중학교 교장

(0461) 33-9043(1991. 2. 28. 정년)

·현주소 : 대전 중구 태평2동 삼부아파트 408동 153호

(042) 527-7060

1.3 속표지 : 중앙에 웃는 얼굴 형상의 기와 그림이 배치되어 있다. 위에서부터 '유동삼 넷째 시조집' '집게 손가락' '호서문화사'가 표기되어 있다.

1.4 책등 : 위에서부터 세로 쓰기로 '호서문학 작품선 31' '집게손가락' '유동삼 넷째 시조집' '호서문화사' '1990'으로 표기되어 있다.

1.5 뒤표지 : 격자 무늬 4각 테두리 안, 쑥부쟁이로 유추되는 꽃 사진이 배치되어 있다.

2. 책 머리에

<집게손가락처럼

글 중에서 시조를 좋아한다. 우리말 우리글을 다루는 국어 교과서를 가까이하는 일에 종사하다 보니까 그렇게 되었다. 좋아하다 보니까 지어보게도 된 것이다. 그것이 쌓이게 되어 각품집을 펴내게 되었다.

작품집을 낼 때마다 내 글들이 성공작인지 되돌아보기는 하나 도무지 알 수가 없다. 다만 내 눈으로 본 것을, 내 생각을 다듬어서 내 목소리로 쓴 것뿐이다. 같은 날 같은 때에 태어난 손가락도 길이가 각각 다르고, 또 그 하는 일도 각각 다른 것처럼 글도 사람에 따라 작품에 따라 개성이 있는 것이 아닌가! 어느 것이 꼭 옳고 어디는 어떠해

야 되고 그렇게 못을 박아 놓을 것은 아니라고 생각한다.

네 번째의 시조집을 펴내게 되었다. 세 번째의 <새 꽃밭>을 낸 지 9년 만에 내는 것이다. 따라서 1981년 이후의 작품들이다. 1984년부터는 교장실에서 비교적 조용히 있을 때가 많아져, 작품의 수도 많아졌다.

학생들에게 시조를 쓰이기 위해서, 그들에게 시심을 불러일으키기 위해서, 그들의 가슴에 시조의 연탄불을 붙이기 위해서 쏘시게 노릇을 할 본보기 글을 지은 것이라고 말해도 좋을 것이다.

그래서인지 내 작품을 간혹 동시조라고 말하는 이가 있다. 원래는 어른들이나 좋아하던 것이지만 이 보배스러운 것을 모든 사람에게 좋아하도록 한다면 얼마나 좋은 것이겠는가! 어린이에게도 그 가슴에 시조의 씨를 심을 수 있을 것이 아닌가!

최근의 내 글에는 어느 개인이나, 이웃이나 나라가 잘 되라고 축원하는 것이 많아졌다. 이것은 새삼스러운 것은 아니다. 첫 번째 시조집에도 그런 작품이 있었다. 시조를 처음으로 지은 소쩍새도 그런 내용이었다. 네 덩어리로 묶은 것 중에서 작품 2 꽃마음 편이 그것이다.

이 집게손가락은 모든 이에게 집게손가락처럼 슬기롭게 부지런하고, 겸손하고, 참을 줄 알고, 남을 위해서 협동하고 봉사하는 데 앞장서 주기를 바란 것이다. 우리가 잘 돼 나가려면 이 집게손가락처럼 일하는 숨은 일꾼이 있어야 하겠다는 내 조용한 부르짖음이다. 나 자신부터도 집게손가락처럼 살고 싶다는 것이다. 그렇게 살겠다는 다짐이기도 하다. 다른 여러 작품들 속에도 이렇게 생각하면서 지은 것이 많이 있다.

내 나이가 칠순을 코앞에 바라보고 있다. 이 집게손가락을 정년 기념 문집으로 삼고, 이제부터 쓰는 것은 칠순 기념 문집에 넣기로 하겠다. 그 안에 어찌될지는 모르고…….

끝으로 나를 열심히 글을 쓸 수 있도록 주변에서 도와주고 있는 여러분에게 감사한다.

(1990. 12. 3. 벌곡 원두문에서)

지은이 유동삼 씀

3. 차례

머리말

작품1 병아리 - 집게손가락/부도리/병아리/씨암닭/귀뚜라미(ㄱ)(ㄴ)/은모래성 금그네/여름밤/찌르레기/소/김장/윷/농악소리/점/시골 학교/산 속은/백맥이/까치/시골버스/완행 열차/파리/날씨약/하늘과 땅은/0학년짜리/칠판 지우개/어항/단비/어느쪽이 이길까/기와/할아버지방/연탄장수/알림판 (ㄱ) (ㄴ)/일요일 오후/연탄/ㄱ 아파트/ㅅ 아파트/직행 버스 안에서/하늘/왕겨/나무꾼/할머니 말씀/왼손은/

작품 2 꽃마음 - 저 산은/어르신네 뜻을 받아/바다/물은/서울 올림픽/꽃마음/사랑이여/새마음 운동/밝은 마음/남북이 하나 되어/분단의 장벽을 넘어/양산리 삼동원/큰 기쁨을 만인에게/꽃처럼 별처럼/착한 보람/순종을 벼리로/준수한 그 모습이/전원에 햇볕 쬐며/도 닦아 쌓으신 탑이/태산과 같이/민들레 마음으로/사랑을 쏟으면서/동쪽 하늘 큰 별 하나/낙락장송/재덕을 닦으시며/송근영님은/윤석봉님은/복된 날/샛별처럼/큰 소나무/구름이 재를 넘어/영원으로 길을 닦아/이웃마저 빛나라/달 비친 강/높은 탑 쌓는 아침/응결된 의지도/은혜는 강물처럼/가물면 걱정되고/한맘으로 한일꾼/여섯 해의 공/회색이 항상 넘치게/속 좁은 이 앞에서도/강석호/

작품 3 꽃이 바람을 이기던 날 - 꽃이 바람을/개나리/향나무 (ㄱ) /섬잣나무/장미꽃/느티나무/철쭉/임목 종묘장/향나무 (ㄴ)/중학동 홰나무/양지꽃/토끼거웃/둑새풀/황새냉이/돌나물/망초/며느리배꼽/조팝나무/싸리/참나무/댕댕이/회양목/소나무/산국/사시나무/작살나무/백목련/과꽃/메/미나리아재비/참새포아풀/소루장이/그령풀/지칭개/땅빈대/강아지풀/질경이/엉겅퀴/꽃다지/꿩의밥/기생꽃/닭의장풀/익모초/쥐엄나무/감사 계곡의 단풍/동학사 계곡의 신록/쑥/잔디/겨울 동산/

작품 4 정회당 옛터 - 마을이름/삼보실 한마음/고도리 효열비/시양골 안효자 정문/정회당 옛터/구고운 큰산소/원두문/국고개/짚게다리/통메/시리티/혈흔천/쉰질바위/얼굴바위/거북바위/형제바위/금강/어느 전쟁 미망인/거북/징검다리/• 동남아 여행기-1. 구름 속/2. 중정 기념관/3. 수상족/4. 층층나무/5. 페낭다리/6. 홍정/7. 싱가폴 칠삼 빌딩/8. 싱가폴에서/평촌동/보자기/시내 버스에서/통근 버스에서/벌곡 통근길/약력/

4. 지은이 유동삼 선생 연보

- 1925. 9. 8 대전 서구 평촌 3동에서 났다. 아버지 相積(상적) 어머

니 해주 오씨 3남 2녀 중 막내

기성 초등학교 6년 청주 사범 심상과 5년

세종 중등 국어 교원 양성소 2년 졸업

1. 교직 경력

교사

- 1946. 3. 1~50. 6. 24 진잠국, 서울 금양국
- 1951. 5. 31~51. 10. 30 대전 공업 중학교
- 1951. 10. 31~58. 9. 1 한밭 중학교
- 1958. 9. 2~59. 4. 9 대전 중학교
- 1959. 4. 10~61. 3. 30 천안 중학교
- 1961. 3. 31~66. 3. 31 대전 여자 중학교
- 1966. 4. 1~73. 2. 28 대전 중학교

전문직 1973. 3. 1~76. 8. 31 충청남도 교육 연구원 연구사

교감 1976. 9. 1~77. 10. 24 청양 중학교 교감

전문직 1977. 10. 25~83. 2. 28 논산군 교육청 장학사

교장 1983. 3. 1~88. 3. 31 사곡 중학교, 1988. 9. 1~91. 2. 28 벌곡 중학교

2. 현장 교육 연구

1968. 11. 3 말본 교과서 7종 비교 - 중등교육 연합회장상

1969. 11. 7 생활주변에서의 말본 공부를 위한 자료수집 - 푸른기장, 문교부장관상

1970. 10. 14 변칙 활용을 쉽게 가르치는 법 - 교육감상

1971. 9. 20 영광된의 발음에 관하여 - 교육감상

1972. 10. 5 시조짓기의 효과적인 지도 방법 - 교육감상

1975. 9. 5 국기 바르게 달기(슬라이드 콘테스트 - 교육감상

1975. 10. 17 한자 읽기 지도의 효과적인 방안 - 교육감상

1977. 10. 14 초보자에게 한자를 바르게 쓰이기 위한 지도 과정 - 교육감상(전국2등급)

1978. 12. 21 바른 인사의 생활화를 위한 지도 방법 - 교육감상

1979. 9. 5 한문과 실력을 높이기 위한 방안 - 교육감상(도1등급)

1980. 9. 17 중학교 한문과 평가문제 분석을 통한 교육과정 운영 실태조사

- 교육감상(도1등급)

3. 편집 발간한 책

1965.06.15 바른 말 바른 글(충남국어교육연구회)

1975.11. 글짓기 지도 자료(충남도 교육연구원 227호)

1975.11. 국어 순화 지도 자료(충남도 교육연구원216호)

1978. 글짓기 지도의 실제(논산군 교육청 장학 자료 43호)

1979. 인사의 지도 방법(논산군 교육청 장학 자료 55호)

1979. 중학교 한문과 운영 개선(논산군 교육청 장학 자료 606호)

4. 동인 연구 단체

청자(青磁) 시조 동인회

차령 시조 동인회

가람 문학회

대전 시조 시인 협회

한국 시조 시인 협회

한국 문인 협회

충남 아동 문학회

호서 문학회

공주 문학회

한국 문인 협회 대전 적할시 지회

대전 문인 총연합회

한글 학회

한글 학회 대전 지부

논산군 국어 교육 협의회

충남 국어 교육 연구회

한국 국어 교육 연구회

한국 국어 교육 학회

5. 표창장

1962.08.15 면려포장 - 대통령

1963.08.15 모범 공무원 - 문교부 장관

1970 .10.09 한글 발전 - 충남 교육감

1975.10.09 한글 발전 - 한글 학회 이사장

1976.10.09 한글 발전 - 충남교육감

1981.10.30 교육 헌신 - 문교부장관(1707호)

1985.05.15 연공상 - 문교부장관(2030호)

1987.12.04 건전 의식 함양 수기(애국가 공부) - 충남 교육감(1693호)

1987.12.22 독서지도(사곡중) - 충남 교육감(1049호)

1989.12.31 학교경영실적(벌곡중) - 충남교육감(422호)

1990.10.09 한글 발전 - 대전직할시장(950)

6. 감사장(패)

1970. 3. 10 도정 시책 용어 연구 - 충남도지사

1975. 3. 23 외솔회 발전 - 외솔회장

1983. 1. 23 진잠 국교 재직 - 진잠졸업생

1986. 5. 8 교가 가사 지음 - 논산여상

1989. 8. 17 학생저축(벌곡중) - 농협 충남 지회장(89-53호)

1990. 8. 4 충효교실 협조 - 연산 향교

7. 다른 책에 게재된 작품

1970.06.20 한국 시조 선집(청자 시조문학) - 석굴암, 오디

1976.02.20 현대 시조 선집(한국 시조 작가협회) - 수련, 소쩍새

1985.03.23 한국 시조 큰사전(을지 출판 공사) - 가래질 외 15편

1986.12.10 사바여로(임영창 고희 기념) - 마을 이름

1989.01.26 백수 정완영 고희기념사화집 - 왼손은

1989.02.15 인의 시선 나비의 삶 - 멋

1989.12.10 충남 문학 선집(시편) - 연탄, 외 1편

5. 판권 : 위에서부터 순서대로 옮긴다.

호서문학 작품선 31

집게 손가락

1990년 12월 25일 인쇄

1990년 12월 30일 발행

지은이 유동삼
펴낸이 신정식
펴낸데 호서문화사
300-150 대전직할시 동구 정동 8-3
전화(팩시밀리) : (042) 255-6065
등록 제 사-70호
값 2,500원
지은이와의 협약에 따라 검인 생략함.

6. 자선 대표작(6시조집 참조 및 편저자 가감)

* 집게손가락

길이로나 굵기로나 셋째밖에 안 되는데
저만 일을 더하여도 한 번도 내색 없고
여러 일 제 힘껏 하여 놀 새 없이 바쁘다

입술에 손 끝 대어 침 발라 책 넘기고
소금을 찍어 넣어 싱거우면 짜게 하고
고추장 맛을 볼 제도 먼저 나가 찍는다

두꺼운 책 뒤적이며 찾고 싶은 글자들을
아홉 다 제쳐 놓고 저 혼자 앞장서서
몇만 자 그 많은 데서 꼭 집어 내 주었다.

엄지와는 떨어지고 중지에 가까워도
엄지랑 맞숙이며 가까이하는 뜻은
중지가 숙일 줄 몰라 버티는 듯 싶었나

가까운 이웃이라 멀리할 수 없는 사이
엄지 잠깐 쉬게 하려 중지를 놉 얻어서
연기 속 함께 받들며 매운 것도 참는다

긴 담뱃대 잴 적에는 자보다도 손쉬운가
집게 뼘으로 한 뼘 두 뼘 세어 가면

자벌레 앞으로 가는 몸짓처럼 빠르다

고기 한 점 집으려다 젓가락질 어줍으면
엄지랑 달려들어 입 안으로 가져 가고
혀끝이 핥아 줄 제는 손 끝마저 내민다

주먹을 불끈 쥘 때 세 손가락 거느리고
엄지도 모셔다가 센 힘을 만드는가
모시며 또 거느리며 하나되게 이끈다.

(1990. 3)

* 찌르레기

향나무 가지에 찌륵찌륵 우는 소리,
몸을 움츠렸다 필 적에 소리낸다.
꼬리로 방아를 찧으며 반 박자로 우는 새.

무슨 소식 궁금하여 마음이 죄는 게다.
한 박자도 못 채우고 멋쩍은 저 소리,
하늘을 날아갈 때도 몸에 익은 반 박자.

태성이 근면한가 어느새 지은 집에
새끼들 두세 마리 배고플까 몸이 달아
먹이를 구해 오느라 새벽부터 서두네.

별쭝맞지 않은 소문 저들도 들었는가.
학교 현관 물받이에 마음놓고 지었구나.
산 속에 있는 집이다 걱정 말고 살아라.

* 소

아무리 급하여도 뛸 생각 아니하고
비가 마구 쏟아져도 느릿느릿 걸어가고
목말라 못 견뎠어도 차근차근 마시네

코 뚫고 멍에 지워 피 맺도록 부려 먹고
쌀뜨물 등겨 타서 여물이나 먹이어도
먼 하늘 우러르면서 음매 하고 외치네

죽으면 큰북 되어 한마당에 자리잡고
잠 깨어라 잠 깨어라
지금 우리는 밤이 아니다
더덩덩 큰 소리치어 가슴 가슴 울리네

(1989. 1.)

* 맥맥이

제비로만 보았더니 집 짓는 게 딴판이다.
산과 물 고운 골짝 맘 고운 집 골라잡아
깨끗한 처마 천장에 굴이 되게 짓는다

제비는 연한 소리 젭젭하고 지껄이고
이 놈은 맥맥거려 입놀림이 거센 소리
목과 등 배의 잔털만 옅은 갈색 돋는다

푸른 들 높은 하늘 맑은 물가 쏘다니며
부지런히 물어 날라 집도 짓고 새끼치다
가을에 새끼 다 크면 다시 먼 길 떠난다.

* 시골버스

100여 미터 저만치서 뛰어오는 손님 보고
쫓아가서 보따리를 받아 오는 착한 차장
탄 뒤에 숨 고르면서 서로 밝은 눈 인사.

꾸역꾸역 떼져 오는 하학길 중학생들
기다렸다 다 태우고 떠나가는 마곡사행
기사는 차장과 함께 한맘으로 부처님.

* 0학년짜리

“아”라고 일러 준 걸 “우”라고 읽더니만
6과 9도 비슷한지 전후좌우 헛갈리네
0학년 가르쳐 보면 고칠 글자 생긴다.

구슬려 얼굴 씻고 울면서 거울 보네
수건에 말라붙은 코딱지에 긁힌 상처
아침밥 먹는 사이에 벌써 낫고 웃는다.

국군하고 경찰하고 싸우면 누가 이겨요.
할아버지 할아버지는 국군을 이길 수 있어요?
국군은 아무도 못 이긴다 그럼 저는 국군 될래요!

오늘 신문 가져오라면 대답을 크게 한다
가져온 걸 보면 틀림없이 오늘 것이다
글씨는 못 읽으니까 기름내로 찾는다.

* 하늘

자갈논 한 뙈기도 터 한 뼘도 없으면서
빌딩 한 채 섬 한 개도 아무 것도 없으면서
해와 달 업고 지내도 손벌리지 않아요

땅을 보면 뭇꽃 피고 샘 솟고 부러운데
맨주먹 살아가며 이웃 돕는 거룩한 뜻
산과 들 우거지라고 비와 별을 보내요.

이 집 저 집 검은 연기 공장마다 독한 연기
살 썩는 냄새마저 다 맡아 삼키다가
티 하나 생길까 보아 조심조심 삭여요

천둥 번개 요란해도 그치면 제 모습을
아침이나 저녁이나 맑고 밝고 넓은 마음
억만 년 흠 하나 없이 깨끗하게 살아요

옹색한 마음 떼어 소쿠리에 담아다가
하늘 한복판에 보름씩 묻어 두고
큰 마음 옮아지거든 캐어 내고 싶어요

(1988. 4)

* 할머니 말씀

동기간 한몸같이 아끼며 보살피며
준 것은 잊더라도 받은 은혜 잊지 말고
서로가 도와 가면서 한결같이 지내라

하루 종일 놀더라도 논 표는 아니 나고
도막 시간 책 읽으면 공부한 표 금방 난다
하물며 매일 힘쓰면 뛰어나게 되는 법

남의 것은 짚검불도 어려운 것이란다
폐 안 되게 살아가기 쉬운 일 아니란다
신세를 지는 것보다 보태 주며 살아라

나 하고 싶은 일은 암만해도 표 안 나고
남 위해 하는 일은 작은 것도 표가 난다
남들을 이롭게 하면 나도 빛이 나는 법

(1988. 3)

* 어르신네 뜻을 받아

어른신네 큰 뜻 받아 진실 근면 강직으로
당내간 일이라면 제백사 돌봐 주어
큰 기둥 숨은 힘 되어 대소가를 지키셨네

집안일이라면 앞장서 챙기시고
집안에 도움 되면 내 몸도 안 사리어
큰 등불 길을 밝히듯 대소가를 이끄셨네

형 아우 조카들을 위하고 아끼시며
화목하게 사는 것을 자랑으로 삼으시니
없는 집 살림에서도 마음은 늘 기쁘셨네

* 새마음 운동

할 일이 바쁜데도 웬 놈의 고스톱판
화툿장 물리치고 일머리 잡고 나면
우선은 등신 같아도 떳떳한 길 즐겁다

더 먹을까 그만둘까 두 갈래로 망설일 제
먹자는 맘 눌러 놓고 잡은 수저 놓고 나면
당장은 서운했어도 배 속 편해 좋더라

일어날까 좀 더 잘까 두 마음이 싸울 적에
게으른 맘 발로 차고 첫 새벽 일어나면
머리가 맑아지는 듯 정신 집중 잘 된다

책 읽을까 낚시 갈까 두 마음 떠 있을 제
낚시를 뿌리치고 책 한 권 다 읽으면
무궁화 가슴에 피어 밝은 마음 빛난다

(1990. 6)

* 남북이 하나 되어

이쪽 저쪽 한통되면 한 쪽만 움직여도
아침 저녁 종소리에 사대문 여닫은 양
남북이 돌쩌귀 되어 온 누리를 열어라.

이 쇠 저 쇠 맞아들면 웃돌만 돌아가도
밑돌도 거들어서 고운 가루 나오는 양
남과 북 하나가 되어 맷돌처럼 돌아라.

하나가 동을 보면 또 하나는 서를 본다.
한 쪽이 앉았어도 또 한 쪽은 돌고 돈다.
다른 듯 한몸이어라 한맘으로 빛니라.

* 분단의 장벽을 넘어

하나가 하늘이면 다른 하나 땅이 되고
하나가 바다 되면 다른 하나 육지 되고
하늘땅 바다 물처럼 우리 남북 하날세

하나가 갈라지어 제 걸음도 못 디디고
이쪽도 저쪽도 반쪽 되어 아프던 몸
이제는 하나로 되어 온전해질 남과 북

남과 북 하나 되는 기틀을 마련하여
서로 큰 맘으로 서로 양보하고…….
분단의 장벽을 넘어 사랑으로 만나자

5 시조집 『물이랑 바위랑』 서지적 개관

(1996. 가로쓰기, 149쪽, 대교출판사, 값 5,000원)

1. 표지

1.1 앞표지 : 중하단에 물결 무늬가 있는 사진이 위치하고 있다. 위에서부터 '1996 문학의 해 우수 작가 창작 지원 시조집' '물이랑 바위랑' '유동삼 시조집' '대교출판사' 등이 표기되어 있다.

1.2 앞표지 날개 안쪽 - 사진과 약력이 표기되어 있다.

유동삼(庾東三)

·1925 대전 서구 기성동에서 남

·1945 충북 청수 사범 심상과 나옴

·1950 세종 중등 국어 교원 양성소 나옴

·1962 동아일보에 시조 소쩍새 입상

·1967 유동삼 시조집 펴냄

·1970 시조집 꽃마을 펴냄

·1981 시조집 새 꽃밭 펴냄

·1990 시조집 집게손가락 펴냄

·1996 대전 충남 학생 시조 모음(새파란 하늘 보면서) 펴냄

·1996 시조집 물이랑 바위랑 펴냄

·1987 대전일보 대일비호상

·1989 한국일보 교원 대상

·1991 벌곡중학교장 정년(교직 45년)

·한말글 사랑 한밭 모임 으뜸 일꾼

·한글학회 회원

·가람문학회, 대전시조시인협회 회장 역임

·사회복지법인 한마음 회장 042-585-0782

1.3 속표지 1 : 위에서 순서대로 '1996 문학의 해 기념' '유동삼 다섯째 시조집' '물이랑 바위랑' '대교출판사' 등이 표기되어 있다.

1.4 속표지 2 : 중앙에 폭포 그림이 배치되어 있고, '유동삼 다섯째 시조집' '물이랑 바위랑' 등이 표기되어 있다.

1.5 책등 : 위에서부터 '96문학의 해 우수 작가 창작 지원 시조집' '물이랑 바위랑' '유동삼 시조집' '대교출판사' 등이 표기되어 있다.

1.6 뒤표지 - 황여란의 시조 '늘 푸른 나무되어'가 수록되어 있다.

늘 푸른 나무 되어

유리같이 맑은 마음 후진들 거울 되고
동녘 하늘 샛별처럼 어둔 곳 밝혀 주신
삼덕을 가르치신 뜻 금빛 탑을 이루셨네

유유히 흐르는 가락 듣는 사람 벗이 되고
동그란 마음 담아 읽는 사람 기쁨 주는
삼장의 구절마다에 꿰어지는 빛난 보석

유구한 세월 속에 늘 푸른 나무 되어
동서남북 어디서나 가꾸시던 푸른 마음
삼천리 펴져 나아가 우리 등불 되시네.

1991년 2월 28일

황 여 란

2. 머리말

<누구나 다 그렇겠지만 내가 글을 쓸 때는 생각이 가다듬어지고, 정신이 맑아진다. 그 가운데 번쩍거리는 생각이 떠올라 글이 이루어진다.

이것이 내 심신 건강에도 좋아서, 어느덧 40년 가까이 이어지고 있다.

내가 써 모은 시조는 식물에 관한 것이 많다. 꽃과 나무와 풀들은 사람들을 풍부하게 살도록 해 주는 일을 하면서, 하나의 목숨을 가지고 있다. 그렇지만 자기를 자랑하는 말이나, 어떤 소리를 가지고 제 표현을 하는 일이 없다.

고운 꽃을 피워 놓고, 말라서 숙어 가면서도 아무 표현을 하지 않는다. 그래서 그들을 아끼는 마음에서, 그들을 소재로 삼는 일이 많은지도 모른다.

자연을 사랑한다는 것과, 환경을 아낀다는 것은 꽃 하나를 고맙게 여기는 데서 시작되지 않을까?

마타리, 할미질빵, 매듭풀, 방가지똥, 꽃다지, 애기똥풀, 지칭개, 돌마늘, 상사화…….

이들 식물 이름에는 우리 조상의 슬기와 정서가 스며들어 있다. 그러므로 이들을 여러 사람에게 널리 알리지 않을 수가 없다.

또 하나는 내 글에는 주변의 사람들에게 축복하는 내용이 많다.

혼인 축시, 개업 축시, 정년 퇴임 축시, 식구들 건강 축시, 위안 격려하는 글 등…….

내가 보낸 축시를 읽으면서, 마음이 밝아지고 제 삶을 가다듬는 이가 있게 되는 것을 알고 있다.

내 생활을 더욱 맑게 하고, 내 이웃을 더욱 밝아지게 하려는 소망을 담는 경우가 많아지다 보니, 내 글은 문답식 표현이 있고, 구체적 표현이 많은 편이다. 사람들은 재미가 없는 글이면, 아예 읽지 않기 때문이다. 구체성이 없고, 개괄적으로만 된 글은 읽어도 재미가 없다. 그래서 남들은 내 글을 개성이 짙다고도 하고, 동시조답다고도 말한다.

정년 이후 약 6년 사이에 쓴 것을 간추려서, 내 다섯 째 시조집으로 펴내게 되었다. 나는 글을 쓰는 일을 읽는 이에게 봉사하는 일이라고 생각한다. 그러면서 내 자신이 여물어 가는 것을 느낀다. 그래서 즐거운 마음으로 글을 쓴다.

문학의 해 기념이 되어서 더 뜻이 있고, 문학의 해 조직위원회를 통해서, 대전광역시의 지원금을 받아, 이 책을 출판하게 되었으니 고맙기 짝이 없다.

1996. 9. 5
지은이 욽모 유동삼 씀>

3. 차례

의 푸나무 꽃/여름 꽃 둘/외솔/증촌의 큰 나무/"똥"자 붙은 푸나무 셋/

2. 봄날 햇살에 - 한마음으로/용이 되어/느티나무/착한 빛/고랑내 나더라도/어느 양계장 주인/놀뫼 신보여 너는/이규설님/큰일꾼/장창근님에게/어느 신혼 부부/어느 아가씨에게/영산홍 350그루/별들이 반짝이듯/잘 사는 대전/지극한 정성/한맘으로 남을 위해/무던하게 사는 분/기러기 떼/낙락장송처럼/남이라도 가족처럼/희망은 하늘과 같이/호수에 떠 있는 밴가/눈부신 빛/햇살처럼/옥답으로 만든 의지/햇살처럼 빛나는 가정/봄날 햇살에/광풍이 불어 닥쳐도/햇살처럼 환한 가족/넓은 바다 본받으면/상냥한 웃음으로(1), (2)/태평을 누리는 바탕/말씨도 상냥하게/하늘 뜻으로/선녀맘 손 끝에 모아/
3. 금실로 수놓은 땅 - 증촌보 언덕에서/아침해 모래봉에/내 고향 땅 이름(1), (2)/장승돌/삼고께/중벌 다무락/둥문재/매퉁골/말자리, 말구렁이/구들뜨기/대전의 산 셋/금강은/모래재 옛터/금수강산/만인산 휴양림/물이랑 바위랑/길산섬(吉山島)/오대산/처녀바위/돌하루방/맹사성의 옛집에서/
4. 밤갈미 다리 - 바다는/상냥한 말씨/문/둔산동 코스모스/그날 일(1), (2)/꿈돌이의 고민/집게손가락(2)/일본의 억지 소리/독립 신문 창간 100돌이/국어 사랑/국어 순화/이종국님/촌 밥집/머리 하는 곳/엄니손 소머리 국밥집/밤갈미 다리 이름/밤갈미 큰밥집/콩나물 밥집/한말글/벙어리 매미/버드내 둑길에서/까치/봄의 새 셋/오리들의 대답/어미노릇/

4. 판권 : 상단에 '인지생략' 표기되어 있다. 위에서부터 행별 기록

을 그대로 옮긴다.

1996 문학의 해 기념
유동삼 다섯째 시조집 : 물이랑 바위랑

지은이/ 유동삼
주간/ 김명수
펴낸곳 / 대교출판사

인쇄/ 1996년 10월 20일
발행/ 1996년 10월 25일

주소/ 300-160 대전 동구 중동 51-21
전화/(042) 254-9966, 226-9966, 팩시/(042) 255-5006
출장소/ 서울 서초구 방배본동 13-8 신서래빌딩 2층
전화/(02) 534-1739

값 5,000원

이 책은 대전광역시에서 준 96문학의 해 기념 우수 작가 지원금으로 만들었습니다.

5. 자선 대표작(6시집 참조 및 편저자 가감)

* 지칭개

작년 여름 낙하산 타고 바람 따라 떠 돌더니
가으내 겨우내 제 자리 터 잡았나
봄볕이 따스하다고 마음 놓고 자라니?

줄기도 나기 전에 나물로 뜯어 가도
남은 뿌리 잎이 나서 외대로 자라더니
먼 데도 보고 싶은가 날로 날로 자란 키

분홍으로 피었다가 여름 볕에 여물어
하늘이 하도 맑아 또 낙하산 타고 다니다
태평동 삼부 아파트 마당 가에 앉았니?

* 구절초

바람 타고 솜에 싸여 산 하나 넘어와서
삼바실 언덕 위 한 다발 무리진 포기
몇천 개 번지고 번져 향기 가득 복된 골

저 향기 샘 부리나 새삼들 끼어 얽혀
다른 데로 옮겨 심고 가뭄에 물 주며
해마다 꽃잔칫날로 구월 구일 받았다

산국, 코스모스, 쑥부쟁이 함께 필 때
모습도 빛깔도 숨결마저 으뜸 간다
수 놓을 하늘이 좁아 향기 더욱 짙겠지

1995. 7. 1. 흐림

* 백목련

<가>
하얀 명주 두루막에 곱게 곱게 차려 입고
명주 버선 고운 신에 소풍을 가는 것을
하늘도 샘이 나는가 비바람을 보낸다

바람이 싸늘해도 봄기운 들어 있고
빗방울 차가워도 큰 사랑 훈훈하여
비 오고 바람 불수록 더욱 고운 백목련

<나>
선녀 하나 가지 위에 앉혀 놓은 하얀 구름
살구도 복숭아도 숨 죽이고 바라만 본다
벚꽃은 이마를 땅에 아예 고개 못 든다

저 구름 지나가야 다른 꽃들 기를 펴나
숨도 쉬고 고개도 들고 할 일을 챙기나
하얀 꽃 거룩해 보여 여왕 같은 백목련

* 앞질러 온 봄

상사화

이른 봄 맨 먼저 두 뼘쯤 자란 잎
여름내 시들어 가을에는 꽃만 피니
꽃하고 잎새하고는 서럽도록 그립다

산수유

개나리는 안 피었어도 개나리 닮아 황금빛
잎보다도 먼저 피어 가지마다 다닥다닥
뚝눈은 새앙나무로 잘못 읽는 봄 소식

새앙나무

깐 새앙 색 노란 꽃이 진달래보다 앞질러
산 비탈 찬 바람을 이기고 핀 이른 봄
짐승도 매운 줄 아나 따 먹을 생각 않는다

* 이른 봄꽃 셋

1. 할미꽃

할미꽃 피던 날은 새벽부터 서둘렀나
봄바람 겪어 봐서 하얀 옷에 빨간 입술
그 누가 만나자 했나 눈 안 띄게 꾸민다

2. 진달래

소나무 그늘에도 봄볕이 들었던가
빛이야 안 들어도 봄바람 불어오면
봄 소식 다 아는 게지 빛이 무슨 상관이냐!

3. 꽃다지

꽃샘 추위도 맘 놓을 수 없겠지
넘어질까 꺾일까 키 크면 걱정되지
양지에 무리진 언덕 노랑으로 큰 마을

* 외솔

높은 뫼 깊은 골 큰 바위 우뚝 선 땅
한 소나무 푸르더니 온 골이 다 푸르러
햇살이 활짝 비치어 그 푸름이 더하네

세찬 비바람이 가지 하나 꺾었어도
오히려 줄기는 더욱 더 굵어지고
이제는 세 아름드리 늙은 솔이 되었네

해마다 솔방울 여물었다 떨어져
구르고 날리어 먼 곳까지 퍼지니
온 누리 솔밭 이루어 외로운 줄 모르네

* 한마음으로

여기에 평화의 모습이 있어라.
그리고 사랑의 나눔이 있어라.
한마음 한몸 방마다 복이 넘쳐 흘러라.

서울에서 부산에서 울릉도에서 제주도에서,
복합 중증 장애인들 모아다 뉘어 놓고,
행복한 삶을 누리게 기도하는 한마음.

냄새나고 소리 지르고 손닿는 대로 집어뜯고,
뒤도 못 가리고 불러도 대답 못 해도,
씻기고 나독거리고 안이 주는 한마음.

여기에 평화의 모습이 있어라.
그리고 사랑의 나눔이 있어라.
한마음 한몸 방마다 복이 넘쳐 흘러라.

* 착한 빛

한둠산 봉우리서
흘러내린 깨끗한 물

밤마다 정화수로
바치신 큰 보람

별 하나 내려 주시어
이 땅 밝게 하셨네

집안을 다스리며
이웃을 도와주며

성실하고 착한 마음
별빛처럼 반짝이네

복된 땅 그 빛을 받아
마을마다 밝아라

* 잘 사는 대전

홍익 인간 높은 뜻
새기는 세월 속에

선마다 단 돌인 양
곱고도 둥글더니

기쁨이 넘치는 표밭
민선 시장 큰 자랑

홍옥이 빛나듯
하는 일 다 보배로워

선정이 빛이 나도
생각을 가다듬어

기어코 잘 사는 대전
이루리라 이루리라

* 지극한 정성

정말로 정직해야
사람답게 사느니라

헌 물건 버릴 때도
챙겨서 버리는 분

지금도 충주 여행길
눈에 선히 보이네

정들면 남이라도
다정한 사이 되네

헌신적 생활 모습
누가 아니 우러르랴

지극한 정성이 들어
하는 일마다 큰 보람

* 산국

산국은 산에서나 제 이름 불러 준다
들에 핀 산국은 들국화 되고 만다
산국도 제 자리 서야 제 이름을 찾는다

마당가 이쪽 저쪽 봄 여름내 가꿨더니
송이는 작아도 가을을 빛내 준다
여기는 들도 산도 아니다 두 이름 다 부를까

산에 가까우면 산국이라 불러 주나
들에 가까우면 들국화라 불러 주나
어디에 피어 있어도 샅은 노랑 짙은 향

1993. 10. 4.

6시조집 『소쩍새』 서지적 개관

(2002. 가로쓰기, 147쪽, 회상사, 값 6,000 원)

1. 표지

1.1 앞표지 : 왼편에 저자의 사진이 세로로 길게 배치되어 있다. 오른편에 세로로 '소쩍새' '유동삼 시조집' '예일기획' 등이 표기되어 있다.

1.2 앞표지 날개 안쪽 : 대부분 상단에 사진을 배치하였었는데, 성명 '유동삼'만 기록되어 있고, 부문별 '약력'이 소상하게 기록되어 있다.

= 약력

1925. 7. 22. 대전 서구 기성 출생

청주사범학교 심상과(5년) 졸

교육부 위촉 세종 중등 국어교원 양성소(한글학회) 2년 졸

진잠초등 교사

충남 대전 서울 초중고 교사

충남도 교육 연구사

청양중학교 교감

논산군 교육청 장학사

공주군 사곡중학교 교장

논산군 벌곡중학교 교장 1991년 정년

사회복지법인 한마음(장애인 시설, 한마음병원) 회장

= 작품집(시조)

1. 유동삼 시조집 1967. 06. 15. 회상사
2. 꽃 마을 1970. 12. 10. 금강출판사
3. 새 꽃밭 1981. 09. 20. 미광사
4. 집게손가락 1990. 12. 30. 호서문화사
5. 물이랑 바위랑 1996. 10. 20. 대교출판사 학생 시조선집 1996. 01. 30. 형제출판사
6. 소쩍새 2002. 12. 07. 예일계획

※ 공동 작품집 : 청자, 차령, 가람문학, 한밭시조, 한국시조시인협회, 한국시조문학

= 상 받음

가람문학 주관 - 항재 시조문학상

대전일보 : 대일비호상

한국일보 : 교원대상

현장 교육 논문 10회 입상

한글 공로상(한글학회, 교육감, 대전시장)

전 가람문학회 회장

전 대전시조시인협회 회장

전 한글학회 대전 지부장

전 대전 충남 외솔회 대표

전 충청남도 행정용어 풀어쓰기 연구위원 위촉

현 한말글 사랑 한밭모임 명예 으뜸 일꾼

현 대전광역시 교육청 교명 제정 위원회 위원

현 대전광역시 지명제정 위원회 위원

대전광역시 서구 장안동 513-1 한마음의 집 우 301-040

전화 042-586-0782(낮) 전송 042-582-7582

042-524-8685(밤) 핸드폰 011-9412-8685

홈페이지 : MYHOME.NAVER.COM/UDS321

표지 글씨 : 백용덕

1.3 속표지 1 : 백지에 '소쩍새'만 기표되어 있다.

1.4 속표지 2 : 위에서부터 '소쩍새' '유동사 시조 선집' '예일기획' 등이 기표되어 있다.

1.5 책등 : 위에서부터 '예일시선 1' '소쩍새' '유동삼 시조선집' '예일기획' 등이 세로로 표기되어 있다.

1.6 뒤표지 : 유동산 선생의 시조 3수가 표기되어 있다.

해가 물을 보고 맑아서 좋다 하니
물은 해를 보고 밝아서 좋다 하네
밝은 맘 맑은 마음도 다 보이는 높은 곳

하늘이 산을 보고 높은 뜻 좋다 하니
산은 하늘 보고 너그러워 좋다 하네
높은 뜻 너그러운 맘 서로 믿고 만난 곳

바람이 나무 보고 푸른 마음 좋다 하니
나무는 바람 보고 욕심 없어 좋다 하네

푸른 맘 욕심 없는 맘 좋은 얘기 듣는 곳

장태산 휴양림1 - 전망대

2. 책 머리에

<아침 출근 시간마다 아파트 승강기에서 만나는 사람이 많다. 유치원 아기들도 빨래감을 주문받는 부인도 만난다. “안녕하세요.” 나 “안녕” 소리를 정답게 내가 인사를 먼저 한다.

처음에는 답례가 서투르더니 날이 갈수록 잘 한다. 이제는 내가 먼저 하지 않아도 잘 한다. 유치원 아기들은 초등학교 어린이보다 더 오래 걸려야 제대로 한다. 인사뿐만 아니라 노래도 춤도 피아노도 글 읽기도 그림 그리기도 다 그렇다. 처음부터 잘하는 것은 드문 일이다. 연습 기간이 길어야 익숙해진다.

시조 짓기도 그렇다. 노력 기간이 길면 나처럼 무딘 사람도 어느 수준에 다다른다. 나는 다른 사람의 작품집을 받아 볼 때가 많아도 재미있게 다 읽는 경우가 드물다. 내가 지은 글도 남들이 몇 편을 읽고 말 것을 짐작한다.

내 글은 누구든지 재미있게 읽어 주도록 쉽게 쓰는 편이다. 그러나 조청같이 되지 못한 것이 흠이다.

시조시인 중에 나를 보고 동시조 작가라고 말하는 이가 있다. 어린이도 함께 읽을 글은 산 글이고, 유명해지려고 짓는 글은 포장비가 내용보다 돈이 더 드는 것과 같다.

고 박승하 선생이 내 첫 시조집 출판 기념회 자리에서 ‘재주로 짓는 게 아니고 노력으로 짓는 글’이라고 평했다.

내 생활 속에서, 내 가슴에 울리는 일을, 내 말로 써 왔다.

1997년부터 제 6차 교육과정 5학년 국어책에 5년 동안 '할머니 말씀'이 실렸다. 나보다 더 잘쓴 분의 글도 싣지 않았는데…….

나는 앞으로도 많은 사람이 거듭 읽어 주는 작품을 몇 편만이라도 남기고 싶다. 제5집(1996년) 이후의 작품 앞에 싣고 제1집에서 제5집까지의 작품은 그 일부만 추려서 뒤에 실었다.

같은 길을 걷는 분들의 따스한 지도를 바란다.

전통 고유 문학이며 겨레시인 시조의 많은 발전을 위하여…….

2002. 12. 2

유동삼 올림>

3. 차례

표지 글씨 : 백용덕

책 머리에

가. 소쩍새(신작 시조 56수) - 수선화/해바라기/왕바랭이/오이풀/개구리밥/맹감/방가지똥/돌마늘/한여름 꽃모종/여름 풀 셋/상사화 셋/덩굴풀 셋/들국화 셋/딸기 농사/과꽃/산국화/마타리/왕골/한삼덩굴/백일초/접시꽃/소나무/장태산 휴양림 1/장태산 휴양림 2/장태산 휴양림 3/한빛탑/산불/멸왰들/백제큰다리/달들/도둑고양이/빨래틀/빨리 먹기 행사/내 다리/쓰레기/알았습니다 고맙습니다/거품/망선루(望仙樓)/목욕탕/구름/큰사람/눈길 1/눈길 2/가재/학생들아 1/착한 사람 1 /착한 사람 2/착한 사람 3/착한 사람 4/손님마다 밝은 맘/상냥한 말씨/할머니께/아버지께/칼춤/왕퉁이(말벌)/거미/

나. 유동삼 시조집 - 1시조집에서 가려뽑은 작품들 8수

다. 꽃마을 - 2시조집에서 가려뽑은 작품들 7수

라. 새 꽃밭 - 3시조집에서 가려뽑은 작품들 9수

마. 집게손가락 - 4시조집에서 가려뽑은 작품들 25수

바. 물이랑 바위랑 - 5시집에서 가려뽑은 작품들 11수

4. 판권 : 위에서부터 행에 따라 옮긴다.

유동삼 시조 선집

소쩍새

초판인쇄 2002년 12월 5일 초판 발행 2002년 12월 10일

지은이 유동삼 펴낸이 김영규 펴낸데 예일기획

300-160 대전광역시 동구 중동 9-19

전화 042-221-3222 전송 042-226-4222

이메일 YEIL919@HANMAIL.NET

등록 2002년 12월 2일(238호)

유동삼 c 2002 값 6,000원.

5. 자선 대표작(6시조집에서 편저자 선정)

* 수선화

땅속에서 선잠 깨어 봄을 무척 기다렸다
잎과 줄기 서로 안고 굳은 흙 뚫고 나와
며칠 새 큰 봉오리를 터뜨려 볼 판이다

바람이 썰렁하면 구름 갤 때 기다리고
햇살이 반짝 들면 줄기를 감싸주며
잠 깨고 꽃들 피라고 나팔 불고 싶은 꽃

구름 한 점 안 보이고 바람도 없는 날
한낮에 소리 높여 봄이다 봄이다 하면
여러 꽃 서로 서둘러 부지런히 피겠지

* 해바라기

한 뼘도 넘는 것을 담 밑에 모종했다
낮에는 주저앉아도 밤 자고 나면 일어선다
한동안 몸살하다가 사람 키보다 더 컸다

담 밖을 지나가는 병아리 보고 웃어 주고
참새들 담에 앉으면 정다운 눈길 보내 주고
소낙비 내리는 날은 온몸 적셔 즐긴다

동쪽에서 해가 뜨면 동쪽을 바라보고
서쪽으로 넘어가면 서쪽을 바라보고
해보다 정신이 없어 어릴 적 일 잊는다

* 왕바랭이

키 큰 게 아리더라
뿌리가 힘 세더라

잎이나 줄기나
한결같이 질기더라

키보다 세고 질긴 몸
바랭이왕 되었다

* 오이풀

오이풀 쓰다듬고
냄새를 맡아 보니

오이 낸가 참외 낸가
무슨 내가 나기는 난다

참외 내
맡은 사람도
오이풀로 불러라

* 개구리밥

몸이 떠 있으니 숨 막힐 일 있을라고,
뿌리야 땅에까지 닿을 필요 있을라고,
푸른 몸 빛나는 몸인데 검은 맘이야 있을라고.

개구리들 배고프면 먹고 나서 뛰어 놀고,
뛰어 놀다 배고프면 또 물에 와 실컷 먹고,
너희는 못된 병 없으니 걱정 없어 좋겠다.

근심이 없으면 뛰는 게 힘찬가?
배불리 먹어서 이어 이어 뛰는가?
푸른 밥 먹고 사니까 제 몸 몇십 배 뛰는가?

"농약만 안 쳐도 걱정 하나 없겠어요.
독한 물 안 마시면 죽지는 않을 텐데"
"논 물이 아주 독하거든 삼바실로 오너라."

삼바실 : 서구 장안동 장태산 휴양림 근처의 한 골짝 이름. 한마음 복지원이 있는 곳

* 맹감

청가시덩굴 억세 가시
빨간 구슬 열매 지키나

먹음직하여 따 먹으면
아무 맛 없어 뱉어버린다

빛으로 속이는 놈을
무엇하러 지킨다

실속이 없을수록
빛이라도 고와야 하나

속이야 어찌 됐든
겉만 보고 따르는 세상

속 비고 얼빠진 이들
등쳐 먹고 먹히는 세상

※ 일본에서 청가시덩굴 잎을 사다 무엇에 쓰나
찰떡 한 덩이씩 잎으로 싸 말렸다가
겨울밤 화로불에 구워 군것질을 한단다.

* 방가지똥

방가지 방아깨비 왕땅개 이름도 많다
풀이슬 받아 마시니 오줌이나 누지 않고
누에 똥 검은 색인데 저 놈 똥은 푸를까

꽃봉오리 또 생겨도 억센 가시 지켜 주어
늦은 봄 여름내내 늦가을까지 피는 꽃
눈발이 펄펄 날려도 추위 이기는 꽃이다

엉겅퀴를 닮았어도 꽃송이는 얌전하고
민들레를 닮았어도 꽃대가 아주 길다
방가지 사투리 몰라 그 풀 이름 어렵다

* 돌마늘

선운사 골짜기 머리에 붉은 띠 매고
무리지어 외치는 소리 연좌농성 하는 듯
차라리 캐어 가시오 꺾는 짓은 마시오

꽃무릇은 별명이고 표준말은 돌마늘
아픈 속 쑤시는 듯 상사화라 부르지 말고
돌마늘 불러 주도록 교과서에도 실어 주오

석산(石蒜)이라 부르면 어려워 잊으니
더 쉬운 돌마늘 정든 말로 부르시오
돌마늘 모두 부르게 알림 팻말 세워 주오

* 한여름 꽃모종

1. 봉숭아

다 큰 꽃 봉숭아 비 맞으며 옮겼는데
구름 걷히고 뙤약볕 내리쬔다
줄기가 축 늘어지어 그냥둠만 못했다

양동이로 그늘 만들어 이틀 밤낮 두었더니
굽은 줄기 곧게 펴고 잎도 꽃도 웃는다
다 큰 것 옮겨 심어도 살리는 법 꽃 사랑

물 달라는 소리는 지르지 아니해도
잎마다 축 처지어 바람 불어도 가만있다
사랑 눈 하도 밝아서 몸짓 뜻을 다 안다

2. 맨드라미

한 뼘이나 자란 것을 구름 낀 때 모종해도
받침대 세우고 물 잘 주면 살아난다
하루만 그늘 만드니 몸살 별로 않더라

3. 구절초

삼복 더위에도 꽃 필 날 멀었다고
밴 데서 솎아내어 빈 자리로 옮겼다
불볕에 몸살 좀 하더니 바로 자리 잡았다

* 여름 풀 셋

1. 범의귀
눈 속에서 푸른 모습 그대로 지니었다
잎이 범의 귀를 꼭 닮아 범의귀
깊은 골 범 우는 소리 다 들리는 풀이다

2. 엉겅퀴
무엇이 잘났다고 온 몸에 가시 돋아
잎도 줄기도 꽃송이도 맨 가시다
신경통 약이 된다고 뽑혀 가는 풀이다

3. 소루쟁이
일찍 고스라져 일찍부터 서두는 풀
보리 베는 철 지나면 눈에 띠지 않는다
진 씨가 다시 잎나서 첫겨울을 견딘다

* 상사화 셋

1. 상사화(맏무릇)
이른 봄부터 여름내 잎을 바람에 날리면서
꽃이 피기 전에 잎 다 지니 서로 그리워
상사병 깊어만 가도 꽃다운 얼굴 연분홍

2. 백양꽃(노란상사화)
찬바람 그리워서 우수철 돌아오면
양지바른 담 밑에 상사화랑 함께 솟아
입추를 기다리다가 잎 없는 몸 노란 꽃

3. 돌마늘(꽃무릇, 석산=石蒜)
초겨울부터 늦봄까지 좁은 잎에 하얀 줄 긋고
작은 잎 햇볕 받아 땅속 알 굵게 키워
늦가을 오기만 하면 빨간 세상 선운사(禪雲寺)

* 덩굴풀 셋

1. 겨우살이덩굴
양말도 아니 신고 눈밭을 거닐다가
감기로 앓는 이의 좋은 약 되어 준다
찬바람 이겨내면서 한겨울을 나는 풀

2. 댕댕이덩굴
풀 사이로 땅 위로만 가늘게 벋어 간다
바구니 만들어져 머리 위 올라앉아
하늘도 하얀 구름도 구경할 꿈 자진 풀

3. 한삼넝굴
짐승도 목 걸릴까 가려내고 아니 먹고
퇴비도 가스랑이 억세어 제쳐놓네
한 해만 자라는 풀인데 여러 해 산 풀 같다

* 들국화 셋

1. 쑥부쟁이
찬바람 불어와도 맑은 하늘 그리워서
된서리에 지지 않고 넓은 들 지키는 꽃
첫눈이 내리더라도 견뎌 내니 장하다

2. 구절초(九折草)
추운 바람 더운 바람 어느 바람 좋더냐
온 골을 향 뿌리어 붉은 단풍 만들었나
찬비 곧 내린다 하니 씨나 어서 여물라

3. 산국화
키만 크고 가늘어 숫제 누웠느냐
금빛이 눈부시어 가을 하늘 더 곱다
작아도 송이송이에 향기 가득 뭉친 꽃

* 딸기 농사

된바람 비닐로
못 들어오게 막고

몇 트럭씩 건흙으로
이랑을 다독다독

따뜻한 햇볕 붙잡고
잎과 줄기 키운다

구름 끼어 추운 날
불 피워 달래녀

온 식구 온 정성
두둑마다 심어 놓고

하얀 꽃 푸른 열매가
빨강되면 거둔다

* 과꽃

하양 자주 빨강 분홍 하나 더 보라색
다섯 색 외는 슬기 자랑으로 삼지 말고
봉투에 씨 따로 받아 알록달록 가꾸자

가운뎃줄 곧게 곧게 하양으로 배게 심고
그 앞은 자주색으로 드문드문 끝동 달고
빨강과 보라 분홍은 동그랗게 심어라

하양만 무리지면 할머니들 모임 같고
분홍만 무리지면 누나들 노는 곳 같다
다섯 색 어우러지면 색동옷처럼 고운 꽃

* 산국화

산이 좋아 산에 피고
들이 좋아 들에도 피나

바람 타고 날아가다
밭두렁 못 넘은 씨

제 뜻이
아니었겠지
찔레 옆에 한 그루

찔레 키 닮으려다
너무 자라 넘어지고

찔레 향기 닮으려다
너무 짙어 별만 불러

누워서
가을 햇볕에
벌과 함께 지낸다

* 마타리

노랑 꽃 하도 고와
꺾어다 꽂았더니

눈은 예쁘다고
자꾸 바라보는데

코에선
간장 썩는 내
맛 탈이 나 싫단다

* 왕골

골풀 몇 배 키가 커
왕골이라 불러 주나

왕골자리 깔던 때
일흔 해도 더 넘었다

지금도 어느 시골서
왕골 농사 짓는지

왕골을 쪼개어
돗자리 치어 놓고

누님들 시집갈 때
안 빼 놓던 으뜸 혼수

신부방 깔아 놓으면
부자 만든 돗자리

* 한삼덩굴

작은 씨 바람 타고 높은 하늘 나돌다가
바람 자면 내려와서 아무 데나 자리잡고
덤불을 이룰 만큼이나 무성하게 번는 풀

잎은 삼을 닮고 온 몸에 가스랑이
뽑지도 베지도 못해 그냥 놓아 두는 풀
여름내 번어 엉키면 아무도 손 못 쓴다

한 해만 자란 것이 몇 해 동안 자란 것 같다
뙤약볕 다 마시고 열심히 자라는 풀
거름기 없는 데서도 금방금방 번는다

아주 어릴 때 가스랑이 생기기 전
괭이로 긁어 버리고 봉숭아라도 심어라
다 크면 다스릴려야 다스릴 수 없는 풀

* 백일초

붉은 백일초
모여 핀 시민 공원

이겼다 이겼다
대한민국 이겼다

북소리
고함과 손뼉소리
하늘땅을 흔들었다

* 접시꽃

새터 밥집 담 밑에
접시꽃 맑은 송이

시골집 해마다 핀
키 큰 꽃 떠오른다

무궁화
꼭 닮았는데
무궁화보다 고운 꽃

* 소나무

가물수록 땅 속 깊이 내린 뿌리 힘 쓰고
바닷바람 밤새도록 뿌리째 뽑으려 해도
푸른 봄 바람과 눈 무게 잘 참아 온 큰 자랑

한겨울 함박눈 하루 꼬박 퍼부은 날
가지마다 축 늘어져 그 무거움 못 견딜 제
스스로 한 가지 꺾어 줄기 살린 큰 슬기

봄마다 노란 꽃이 잔가지 끝 맺힌 구슬
여름 가을 젖 먹이어 솔방울 가꾼 사랑
언덕에 낮은 골짝에 꿈을 키운 잔솔밭

짙은 그늘 땀 식히어 노래 소리 들으며
아름드리 곧게 자라 뽑히어 실려 가면
대들보 기둥 서까래 모두 맡을 큰 보람

* 장태산 휴양림 1
- 전망대

해가 물을 보고 맑아서 좋다 하니
물은 해를 보고 밝아서 좋다 하네
밝은 맘 맑은 마음도 다 보이는 높은 곳

하늘이 산을 보고 높은 뜻 좋다 하니
산은 하늘 보고 너그러워 좋다 하네
높은 뜻 너그러운 맘 서로 믿고 만난 곳

바람이 나무 보고 푸른 마음 좋다 하니
나무는 바람 보고 욕심 없어 좋다 하네
푸른 밤 욕심 없는 맘 좋은 얘기 듣는 곳

* 장태산 휴양림 2
- 칡 골짝

저수지 이쪽 저쪽
칡넝쿨 덮은 골짝

돌 닿으면 넘어가고
흙 닿으면 뿌리내려

바위도 큰 풀도 나무도
줄기와 잎 다 덮었다

소나무 산초나무
밤나무 무엇이든

넝쿨로 감으면
볕을 받지 못한다

워낙 큰 낙엽송 숲은
덤벼들지 못했다

* 장태산 휴양림 3
- 뻐꾹채 언덕

장구
북
채에 맞아 땅 소리 설명 내고

꽹과리
징
채에 맞아 하늘 소리 멋진 가락
뻐꾹새 뻐꾹채 피면 깊은 산속 뻐뻐꾹

작은 씨 날개 달고 저수지 맴돌다가
바람에 다 맡긴 몸 볕 바른 바위 틈에
제 자리 용케 잡고서 뿌리내려 꽃 폈다

* 한빛탑

은빛보다도 금빛보다도
한빛이 더 빛납니다

별빛보다도 달빛보다도
한빛이 더 밝습니다

한빛은 햇빛보다
더 큰 힘을 가졌습니다

우리가 사는 땅은
넓고 넓은 한밭입니다

한빛탑에서 한밭으로
한빛을 보내 줍니다

온 한밭 한빛을 받아
햇빛처럼 밝습니다

* 산불

날망에도 골짝에도 안 보이게 엎드리어
사람들 실수를 일삼아서 엿보다가
조금만 잘못하여도 그냥두지 않는다

부지런한 마음에는 가까이도 가지 않고
게으른 마음만 골라서 붙어 다니다
어디서 불을 다루면 쏜살같이 달려간다

밭두렁 불 지르면 먼 데 바람 몰려들어
불을 구경하다 하나로 뭉친 다음
산으로 방향을 틀어 제 세상인 양 날뛴다

마른 잎 쌓인 것을 쏘시개로 삼더니
탁탁 소리치며 굵은 나무도 삼킨다
어둠도 상관이 없고 깔막진 데는 더 쉽다

헬리콥터 물 퍼다가 쏟아도 소용 없고
주민도 소방대도 바라만 보고 서 있다
식목일 하루 동안에 예순 군데 몇 백 헥타

나무를 심다가도 공들일 맘 흔들리고

불탄 산 바라보면 송장을 보는 것 같다
온 국민 한뜻이 되어 도둑처럼 막아라

* 멸왯들

왜인이 이사오면
조금 살다 나갔던 곳

학마저 왜인 하면
치를 떨며 별렀나

짐승도
한마음으로
우리 마을 지켰다

'소 둥글어 죽은 골'과
'돼지 둥글어 죽은 골'에

소 돼지 귀신
밤에 나타나
잠 속 괴롭혀
병나게 했나

보(洑) 없이
천 석이 나도
왜인만은 못 산 곳

※ 멸왯들: 滅倭들-대전광역시 유성구(진잠동) 학하(鶴下)마을의 들 이름

* 백제큰다리

닫힌 문 열어 보니 잠에서 깬 백제 시대
공주 시민 충남 도민 백제 땅 피가 돌아
기지개 큰 기지개가 산과 강을 흔든다

큰다리를 큰다리라면 큰일날 줄 여긴 먹물
대교(大橋)라 아니 쓰고 제 말 찾은 하얀 빛
천오백 긴긴 역사가 깨어 난다 깨어났다

왕관만 금이더니 겨레도 금 되었다
백(百)성을 구제(濟)한다고 백제 힘이 솟아나
금빛이 가슴 속 비쳐 겨레말을 살렸네

* 달들

달들 은들 고운 이름
월평(月評)이 빼앗아도

달밤에 달빛 물빛
서로 곱게 어우러지다

달 혼자 비단옷 입고
밤길 걸어 갑니다

물결이 달을 보고
노래 불러 달라 해도

밤에는 조용히
빛을 봐야 곱다고

노래는 아니 부르고
빛만 보내 줍니다

※ 서구 월평동은 달들을 번역한 말이다. 달들, 은들, 달빛 등으로 학교나 아파트나 상점, 다리 등 이름을 지으면 멋질 듯하다

* 도둑고양이

간히어는 살기 싫어 온 마을 쏘다니다
배 고프면 쓰레기통 쉰 고기 뒤질망정
이름은 '도둑'자 붙어도 도둑질은 말아라

광에서 냄새로도 쥐들을 못 오게 했다
제 자리 멀리 떠나 마음대로 나돌다가
집 생각 아예 잊고서 네 뜻대로 살 테냐

으슥한 곳 눈치보며 어슬렁거리다가
노려보며 덤빌 듯이 멈추어 겁주느라
둥근 눈 부릅뜨고서 불 같은 빛 뿜는다

* 빨래틀

빨래틀 돌아가면
거품이 가득하다

쉽게 일어나고
쉽게 꺼지는 거품

거품은 때를 빼내는
숨은 재주 가졌다

돈이 하도 많아
돈 차로 날라 간다

돈 빠는 빨래들은
동그란가 네모인가

때 많은 큰 돈이라도
표 안 나게 잘 빤다

* 빨리 먹기 행사

천천히
잘 씹어서
먹으라고
배웠는데

빨리 많이
먹다가
탈나면
어떡하나

배 수박
먹기 대회를
행사라고
하는지

* 내 다리

안면도 꽃박람회 다섯 시간 앉지 않고
줄 서고 기다리고 이 채 저 채 구경했다
그러고 탈나지 않아 나는 아직 굳세다

가는 시간 네 시간 오는 시간 네 시간
눕지도 뻗지도 않고 걸상에만 앉았다
하루를 그러고서도 탈나지 않은 내 다리

날마다 아침 저녁 더운 물로 씻어 주고
통근차 기다릴 때 뒤꿈치 올리기 운동
아끼고 씻어 주는 공 두 다리도 아는지

발가락 사이에 무좀 가끔 쓰릴 제는
약도 바르고 발톱 자주 깎아 준다
귀한 손 열 손가락이 섬기는 뜻 아는가

* 쓰레기

아예 생기지도 말았어야 되는 것을,
기왕에 생겼으니 따로 따로 살고 싶다.
뒤섞여 쌓여 있으니 멀쩡한 놈도 썩는다.

묻을 것은 매립용, 태울 것은 소각용,
쓸 것은 재활용, 말끝마다 "용"자다.
너희는 쓰레기지만 쓸 데 있어 "쓸용"자

썩을 것 따로 모아 아주 썩게 해 주오.
썩어서 꽃나무에 거름되고 싶어요.
우리 땅 들과 산까지 두 배 곱게 할래요

* 알았습니다 고맙습니다

마타리꽃이 피었습니다. 황금빛으로 피었습니다.
알았습니다. 고맙습니다. 황금 물결이 곧 온다고요?
벼농사 끝마무리도 정신차려 할게요.

할아버지 산소 저쪽에 황금빛으로 피었습니다
알았습니다. 고맙습니다. 바랭이 뽑고 고랑도 파고,
김장무 김장배추도 때맞추어 심을게요.

태극기 깃봉처럼 황금빛으로 눈부십니다.
알았습니다. 고맙습니다. 우리나라 좀 빛내라고요?
알뜰히 살아가면서 어려운 경제 살릴게요.

* 거품

시냇물 흘러가다
보 막은 곳 지날 때는

물거품 가득 생겨
물빛이 하얘진다

흐르다 조금 지나면
거품은 다 꺼진다

물소리에 놀라서
겁이 나 거품 되나

물소리 떨어지면
마음 놓아 꺼지는가

과학책 어느 곳에도
거품 공부 없었다

* 망선루(望仙樓)

신선을 바라보는 높고도 오래된 집
하늘에만 신선이 산다고 여기는가
백성들 제 자리에서 착한 일 하면 신선하다

일터에서 맡은 일에 최선을 다하고
옳은 일 그른 일 구분해서 바로 살면
누구나 신선이 된다 선비들 곧 신선이다

망선루 바라보며 바른 정신 가다듬고
가는 길 하는 일마다 옛 어른 본받아
한평생 선비다운 일 높은 탑을 쌓아라

※ 망선루- 충청북도 청주시에 있는 아주 오래된 건물 이름

* 목욕탕

뜨거운 물 열탕이고
찬물은 냉탕이다

더운 물 온탕이고
소금물 염탕이다

목욕탕
"탕"이 붙어서
"탕'자 자꾸 붙이나

* 구름

비 구름 강원도에는
이슬비 내리려 해도

비 구름 충청도에는
소낙비 내리려 해도

큰 바람
밀어붙이면
제 뜻대로
못한다

* 큰사람

어떤 이를 큰사람이라 말할 수 있을까
큰 재물도 제 것 아니면 본숭만숭해야 하고
짝 될 이 아닐 바에는 바라보지도 않는 이

내 마음은 밝은 달이 여러 강물 비치는 듯
큰바람 우주를 나와 함께 달리는 듯
큰 마음 가지고 싶다 큰사람이 되고 싶다

괴이한 무리들 어찌 나를 엿볼 건가
귀신도 내 앞에서는 쥐구멍 찾을 것이다
일마다 바르게 하는데 누가 나를 모함하랴

옛 임들 하신 일 살피고 살펴보니
나도 옛 임들처럼 큰일 해야 할 텐데
마음이 가다듬어지고 정신 번쩍 드는군

何者名稱大丈夫 (하재 명칭 대장부)
於財於色視如無 (어재 어색 시여무)
明月千江影共照 (명월 천강 영공조)
長風八宇氣同軀 (장풍 팔우 기동구)
巧怪焉能瞰室哉 (교괴 언능 감실재)
鬼神猶難藏身乎 (귀신 유난 장신호)
試看英雄古今事 (시간 영웅 고금사)
戰戰兢兢心作樞 (전전긍긍 심작추)
- 우암 송시열 선생(1607~1689 숙종 때 유학자) 소년 시절 애송시

* 눈길 1

아무도 밟지 않은 들 눈길 걸을 적에
한 발 한 발 자국마다 바르게 걸어라
내 디딘 발자국 따라 뒤 오는 이 길 된다

踏雪野中去 (답설 야중거)
不須胡亂行 (불수 호란행)
今日我行跡 (금일 아행적)
遂作後人程 (수작 후인정)
- 서산대사(西山大師) 지음

(시작 메모)
삼락회 사무실에 한시가 걸려 있다. 서산대사 한시다. 글씨 쓴 분은 윤종걸 회장이다. 김구 선생이 평양에 가셨을 때 아들에게 써 주시고 가셨던 시란다. 나는 이것을 시조로 바꾸어 보았다. 물론 ”눈길“이라는 제목은 내가 붙였다. 우리가 뒤에 오는 이 생각을 하면 내 행실을 그대로 따를 것을 의식하고 조심스럽게 살아야 한다는 뜻이다.

* 눈길 2

한겨울 날리는 눈
봄날 나비 같고

쌓인 눈 디딜 적마다
뽀도독뽀도독 소리

늦여름 개구리 우는
소리처럼 들린다.

飛來 片片 三春 蝶 (비래 편편 삼춘 접)
踏敲 聲聲 六月 蛙 (답고 성성 유월 와)

* 가재

한여름 어디 가나
더위에 시달리는데

돌 지고 모래 뚫어
제집이라 짓는 판에

나갈 때 되돌아올 때
다리 많아 좋아요

푸른 산 한 줄기
찬 샘물 가운데인데

강남수도 나에게는
부럽지 아니하고

우리는 깨끗한 물에
부러움 없이 살아요

負石穿砂 自作家 (부석천사 자작가)
前進後退 便足多 (전진후퇴 편족다)
靑山一脈 寒泉裏 (청산일맥 한천리)
不羨江南水 幾何 (불선강남수 기하)
- 간재 전우(簡齋 田愚) 선생 지음

* 학생들아 1

젊은 시절 지나가면 아차 하고 후회한다
일찍 일어나서 책도 읽고 글도 써라
글 공부 늙은 다음은 이미 때가 늦단다

티비 보는 시간 왜 그렇게 많으냐
놀다 보면 한이 없고 할 일을 다 못한다
때 맞춰 힘써야 한다 세월 자꾸 흐른다

盛年 不重來 (성년 부중래)
一日 難再晨 (일일 난재신)
及時 當勉勵 (급시 당면려)
歲月 不待人 (세월 부대인)
- 도연명 지음

* 착한 사람 1

몇 번의 착한 일도 오랫동안 빛이 나고
오랫동안 탐한 재물 티끌과도 같으니라
착한 일 자꾸 할수록 내 마음은 밝아라

마음이 밝아야 부모 처자 알아보고
부모 처자 알아봐야 가정이 평화롭다
행복은 내가 힘써야 힘쓴 만큼 따른다

三日 修身 千載寶 (삼일 수신 천재보)
百年 貪財 一朝塵 (백년 탐재 일조진)

* 착한 사람 2

나에게 잘하는 이 나도 그를 잘 대하고
나에게 악하게 해도 나는 그에게 착하게 한다
착하면 즐거운 마음 꽃보다도 아름답다

미운 사람 밉게 보고 따돌리기 몇 번 하면
내 맘도 불편하여 먹은 게 안 삭는다
내 건강 유지하려면 미운 이도 받아줘라

於我善者 我亦善 (어아선자 아역선)
於我惡者 我亦善 (어아악자 아역선)

* 착한 사람 3

책 속에 길 있으니 많이 읽고 지름길 가라
배움이 바다 같으니 열심히 노 저어라
누구나 책 잘 읽으면 그 사람 그 집 일어난다

한두 번 못된 쾌락 패가망신 못 면하고
참 행복 가꾸기 위해 못된 짓 참을 줄 알라
참으면 약이 되어도 못 참으면 화 불러온다

書田有路 勤爲徑 (서전유로 근위경)
學海無邊 苦作舟 (학해무변 고작주)

* 착한 사람 4

햇볕이 논밭 쬐어 모든 곡식 여물게 하듯
달빛이 대낮처럼 어두운 데 비쳐 주듯
우리도 남을 위해서 도움 주는 일 못할까

내 이익 크더라도 남 싫은 일 삼가고
내 몫이 적더라도 남의 몫 많게 하고
나보다 남 좋아지는 일 즐거운 일로 알아라

내 집 식구 내 이웃마다 다 좋아하는 상냥한 말씨
인사성 좋으면 그것도 바로 베푸는 거다
짧은 말 한 마디 인사 남의 맘을 밝힌다

마음이 열리면 서로 마음 밝아지고
마음이 닫히면 서로 마음 어두워진다
마음을 열고 사는 게 정다운 삶 아니냐

* 손님마다 밝은 맘

“여기는 진벌입니다. 다음은 영골입니다.”
“여기는 영골입니다. 다음은 실미입니다.”
농수산시장 떠나며 승강장마다 꽃 심네.

“여기는 실미입니다. 다음은 영골입니다.”
“여기는 영골입니다. 다음은 진벌입니다.”
원두문 오물 사이를 꽃향기로 덮는 차.

문 열면서 “어서 오셔요.” 문 닫으며 “떠납니다.”
문 열리자 “어서 오셔요.” 문 닫치자 “떠납니다.”
한 분이 큰맘 먹은 날 손님마다 밝은 맘

* 상냥한 말씨

솜 이불 덮고 잔 상냥한 그 한 마디
밤 새운 가슴에 꽃다발 아니고
목걸이 작은 구슬 속 무지개가 어린다

한나절 걸러낸 전내기 한 모금처럼
찬 바람 들던 구석 어느새 훈훈하여
큰음지 얼음 다 녹여 떡잎 소롯 나온다

핀잔에 굳어진 맺힘도 풀어 주어
헝클어진 긴 머리 모처럼 감은 아침
양지 끝 빈들레 송이 나비 하나 벌 하나

* 할머니께

할머니 부르셨어요 심부름감 있으셔요
할머니 바쁘실 때는 언제든지 시키셔요
공부에 지장 없으니 자꾸 일을 시켜요

심부름 가면서도 노래를 연습하고
오는 길 영어도 되풀이해서 외우고
할머니 도와 드릴 때 제 맘 즐거운걸요

할머니는 우리 아버지 낳아 주신 어머니
할머니도 우리 집 큰기둥이십니다
할머니 진지 잘 드시고 쉬어 가며 일하셔요

할머니 빨래는 손으로 하지 마셔요
빨래틀 돌리어 편하게 하시어요
손에는 고무장갑을 끼시고서 하셔요

* 아버지께

볼 일로 늦으시면 전화를 꼭 하셔요
어머니는 기다리다 저녁도 안 드시고
심란해 하시는 것을 차마 볼 수 없어요

담배를 줄이셔요 약주도 줄이셔요
아버지 병나시면 우리 모두 어떡해요
아버지 건강을 위해 어머니 말씀 들으셔요

아침에 일찍 일어나 저하고 산책 가요
산책을 하고 나면 밥맛이 좋아져요
진지를 잘 드시는 날 콧노래를 부를게요

* 칼춤

반짝반짝 가슴에 훈장
번쩍번쩍 두손에 든 칼
겉돌다 잘한다고 부추김에 솔깃해지어
역사를 살려야 할 판에 두 동강을 내었네

제집 것 이웃집 것 분별하지도 못하면서
남의 것 우리 것이라 우기면서 휘두는 칼
모두들 어이가 없어 그 미치광 못 말리네

사람들 가슴마다 큰 왜못 박아 피 쏟게 하고
공든 탑 허물어 놓고 자랑이라고 으스댄다
맑은 물 잘 흐르는 강 돌 산 무너다 막았네

도둑이 놓고 간 헌 우산 펼쳐 들고
비를 피한다고 고마워하는 얼 빠진 사람
덕분에 감기 안 들어 잘 됐다고 떠드네

어려운 것은 공부 안 한 탓
저 해 온 것만 생각하고
그늘에서 앓는 소리 들리지 않는 귀먹는 귀
우리 얼 무너지는 소리 칼춤 새에 들리네

* 왕퉁이(말벌)

말벌보다 왕퉁이 하면
더 무서운 큰 벌 같다

얼굴 한 방 쐬고 나면
두 배나 큰 코 되고

입술도 다 부어 올라
누군지도 모른다

이영배 작은형은
별명이 왕퉁이다

아이들과 싸울 적에
무섭게도 때렸던가

지금도 어릴 때 이름
왕퉁이라 부르나

* 거미

처마 끝 담장 사이
좁은 골목 찾아내어

끈끈한 가는 줄로
우산처럼 그물 치고

벌레들 날아가다가
걸려 들기 바란다

하루 종일 기다려도
흰 구름만 흘러 간다

잠자리 비켜 가고
매미 걸려 소리친다

실수를 하게 만들고
배 불려도 되느냐!

제 3 편
유동삼 시조 작품 평설

인간 유동삼과 그의 시 세계
—김영배 평설

평생을 교단에 몸바쳐 오면서 한글 발전과 시조문학 발전에 전력을 기울임으로써 그 세 가지 대업을 대성한 이는 그리 흔치 않을 것이다.

우리는 그런 어렵고 고달픈 길을 걸어온 한 분을 이 고장 한밭골에서 보고 있다.

일명 세종대왕으로 통하는 유동삼. 그는 평생을 이 세 가지를 위해서 거의 광인이 되었다 해도 과언이 아닌 한 사람이다. 이 분은 지금껏 자신의 이름을 철저하게 한글로만 써 왔을 뿐만 아니라, 그의 글 속에서는 한 낱의 한자를 찾아볼 수 없을 만큼 한글 전용에 고집스러운 분이기도 하다.

그는 교육연구는 물론, 많은 한글연구 논문을 발표하여 교단 일선에 자료로 보급해 주었고, 한글 전용운동과 쉬운 말 갈아쓰기 운동에 앞장서 온 분이기에 이 분을 세종대왕이라 별명하게 된 것이다.

1925년 9월 8일, 대전시 서구 평촌 3동에서 태어난 유 교장은 가성 초등학교 6년을 졸업하고, 청주사범 심상과 5년을 나온 분으로 그의 기본 학력은 청주사범 하나만 가지고도 충분히 남의 추종을 허하지 않게 되어 있다. 왜냐하면 당시 사범계 입학이 얼마나 어려웠던가를 아는 사람은 더 이상의 설명이 필요하지 않을 것이기 때문이다. 그는 이에서 만족치않고 세종중등교원 양성소에 입소하여 2개년을 마친 후, 46년 3월 1일 자로 교육계에 투신하게 된다. 그리하여 오늘에 이르기까지(91년 2월 28일자 정년퇴임) 44년 간을 가르치며 연구하는 생활로 일관하였다.

천성이 어질고 온화하며 다정다감한 유 교장은 제자를 사랑하기 어버이같이 하였고, 가르치는 일은 온 정성을 쏟음으로써 참 스승으로 존경받고 있다.

유 교장은 풀 한 포기, 나무 한 그루, 한 줌의 흙에 이르기까지 모두를 자기의 아들딸처럼 사랑했다고 해도 과언이 아닐 만큼 그의 글 속에는 산천초목 삼라만상이 글감으로 취재되어 있다.

유 교장의 또 하나의 특징은 한글 발전을 위해 한자어를 구사한 일이 전혀 없이 순 우리말만을 골라 써 왔다는 점이다. 그렇기에 이 분의 글을 처음 읽는 사람은 동시를 읽는 것 같다는 평을 받기도 한다. 그러나 이 분의 글을 자세히 읽어 보면 알기 쉽고 의미가 깊다는 이현심의(易現深意)의 글임에 놀라게 된다.

많은 문인들이 세상을 살다 갔고, 많은 사람들이 글을 쓰고 있지만 이 분처럼 철두철미하게 우리말을 가지고 쉬운 글을 쓰는 이는 아마 보기 드물 것이다.

유 교장은 일상생활에서 남이 좀처럼 관심을 두지 않는 들풀과 나무 한 그루, 돌 한 덩이, 잡초 한 포기에 이르기까지 그 이름과 생태와 쓰임새에 관심을 쏟아 왔다. 자기가 모르는 풀꽃은 책을 찾아서 기어이 알아내고, 알아야할 동물과 곤충들은 전문가를 찾아다니며 물어 익히는 일을 게을리하지 않았다. 그는 분명히 외유내강의 의지와 함께 아무도 당해낼 수 없는 고집스러운 성격의 소유자다.

이 분은 초등학교 교사에서 시작하여 중학교 교사직에 이르는 20여 년의 세월과 전문직 9년(충남교육원 연구사 3년, 논산군 교육청 장학사 6년), 교감 1년에, 교장직 8년에 걸친 44년 간의 세월을 교단에 바쳤다. 그는 교수·학습방법의 개선을 위한 연구논문이 십여 편이나 되고, 한글전용을 위한 교육자료도 십여 편이나 된다. 이런 공적은 많은 이들에게서 칭송을 받을 뿐 아니라, 상사들의 인정을 받아 교육감 표창을 비롯하여 문교부장관 대통령 포장에 이르는 영광을 안게 되었으며, 한글학회 이사장과 대전일보 사장, 그리고 한국일보에서 수여하는 교육대상 등 빛나는 상을 받은 바 있다. 인간 유동삼은 상을 좋아하는 사람이 아니다. 항상 티없이 맑은 동심 속에서 묵묵히 자기 소임만을 완수해 나가는 공익적 천성의 소유자이다. 그럼에도 불구하고 이렇게 많은 포상을 받게 된 데에는 그의 연구와 노력이 얼마나 가치로웠는가를 말해 주고 있다.

선생의 연구논문에는『바른 말 바른 글』,『글짓기 지도자료』,『국어 순화 지도 자료』,『글짓기 지도의 실제』,『인사의 지도 방법』,『중학교 한문과의 운영 개선』등이 있음은 당연한 결과라 할 것이다.

선생은 또한 시조문학의 저변 확대를 위해서 이 고장을 중심으로 한 〈청자시조동인회〉를 조직하여 시조 발전의 기초를 다졌고, 〈차령시조동인회〉를 〈가람문학회〉로 개편하여 전국 규모의 시조문학동인회로 발전시키는 데 견인차적 역할을 하였다.

한편 〈대전동시조동인회〉 회장직을 맡아 자유시 전공 지역에 민족시 운동을 펼쳐나감으로써 시조문단이 견고한 터를 닦았다.

선생의 순수무구한 성품은 아동문학에도 깊이 관여하여 동시조 교실과 성인시조교실을 창설하여 뜻있는 젊은이들에게 시조의 씨앗을 뿌리기도 하였다. 이렇게 큰 활약의 면모는 여기 일일이 열거할 수 없으므로 생략하거니와 선생께서 펴낸 시조집은 67년 회상사 간행, 『유동삼 시조집』을 필두로 70년 제2시조집 『꽃마음』과 81년 제3시조집 『새 꽃밭』, 90년 제4시조집 『집게손가락』 등이 있다.

이 네 권의 시조집을 펼쳐 보노라면 독자로 하여금 때묻은 현실을 멀리 떠나 풀꽃과 나무와 새들이 노래하는 낙원동산에 앉아 있는 느낌을 자아내게 한다. 책의 제목이 말해 주듯이 소재의 대부분이 꽃, 나비, 벌, 산, 구름, 나무, 산새, 바위, 돌, 물 같은 대자연임을 알 수 있다. 다음에 이 분의 시조 몇 편을 소개해 본다.

가시덤불 그늘 속에
비바람 이겨내고

아름드리 하늘 닿아
가지마다 꽃봉오리

거친 땅 꽃마을 되어
봄빛 가득합니다.

오는 이 가는 이마다
향기 속에 가슴 저어

제 몸 가다듬고
새 꽃씨 심는 꿈에

새 마을 새 마음 새 뜻
축복 가득합니다.

— 75년, 「꽃마을」

얼마나 순수하고 정결한 경관인가? 선생은 꽃으로 단장된 마을을 보며 사납고 거칠어만 가는 이 땅의 사람들에게 아름답고 부드러운 정서와 새 마음 새 의지를 지녀야겠다는 뜻은 은연 중에 교훈으로 던져 주고 있다.

어찌보면 시조로서의 비유적 표현이나 이미지의 신성성이나 사상의 깊이가 없는 직설적 동시같이 보이지만 난해한 시에 식상이 난 요즈음 사람들에게는 쉽게 감지될 수 있는 시라는 평을 받기도 한다.

버들잎 진달래꽃
서둘러 차니 새봄

눈발 섞인 겨울 바람
되돌아와 흔들어도

해님이 보내 준 입김
아예 해칠 수 없다.

— 75. 10 「꽃샘추위」

자연의 순리는 아무도 거역할 수가 없다. 꽃샘추위를 통하여 계절의 순환을 읊은 시조의 첫수다. 인종과 끈기를 갖고 꿋꿋하게 살아가노라면 언젠가는 때가 도래할 수 있다는 순리를 은연 중에 보여 주고 있다.

널따란 비단폭에
산 그늘 하늘 그림

흰구름 나무 위로
흘러가는 저 큰 사진

바람도 물결일까 봐
조심스레 머문다.

낚싯배 바위 새로
어느덧 물러가고

비오리 두세 쌍이
어르며 떠나가고

풀잎에 고추잠자리
잠이 들어 앉았다.

— 71. 한국시조선집「호수」

이상은 71년「한국시조선집」에 실린「호수」등의 두 수다.

잔잔한 호수의 물면이 차마 주름질까 저어하는 작자의 고요한 심경이 잘 드러나 있는 작품이다. 고요한 수면에 주름이 질까봐, 구름도 흘러가다 멈춰서고, 바람도 차마 숨을 죽이는 이 청정하고 고요한 정경을 쉬운 언어와 가락에 얹어서 영상적으로 표현하고 있다.

선생은 모든 작품에서 이렇듯 쉬운 우리말을 골라 꾸밈없이 엮어, 무리없이 소화시키는 재능을 가지고 있다. 제수에서도 바위섬을 돌아 멀리 떠나가는 고깃배의 풍경과, 배가 떠나간 뒤에 비오리 한 쌍이 조용히 떠 있는 모습은 한 조각 풍경화를 연상케 한다. 이 정경을 더욱 고요 속으로 이끌어 들이는 것은 풀잎 끝에 앉아 있는 고추잠자리의 모습이다. 이 고추잠자리가 정적한 호수의 일면을 더욱 더 잠잠하게 하고 있다.

도란도란 정다운 말
에헴에헴 기침소리

삐약삐약 주룩주룩
병아리 소리 비오는 소리

모든 말 모든 소리를
고대로 다 적는다.

—「훈민정음」 14수

유 교장은 별명이 세종대왕이니 훈민정음의 소재는 당연한 소재였을 것이다. 훈민정음은 이 세상 모든 소리를 못 적을 것이 없는 위대한 소리글자다.

닭 울음 소리, 개 짖는 소리, 천둥 치는 소리 할 것 없이, 두루 표현할 수 있는 글자임을 이 시조를 통하여 찬양하고 있다.

「훈민정음」 15수에 대왕의 애민정신과 제자의 원리와, 이것을 부려쓰는 방법과 함께 대왕이 남기신 위대한 업적 등을 통하여 국어 사랑 나라 사랑 정신을 북돋우고 있다.

길이로나 굵기로나
셋째밖에 안 되는데

저만 일을 더하여도
한 번도 내색없고

여러 일 제 힘껏 하녀
쉴새없이 바쁘다.

— 90. 「집게손가락」 1수

주먹을 불끈 쥘 때
세 손가락 거느리고

엄지도 모셔다가
센 힘을 만드는가

모시며 또 거느리며
하나 되게 이끈다.

—「집게손가락」 제8수

이상 두 수의 시조는 90년도 출간한 그의 「집게손가락」이다.

소재 자체가 남이 전혀 의식하거나 관심거리로 삼지 않는 손가락을 취했다. 우리들의 생활 속에서 가장 가까이 자신에게 봉사하는 일등공신 집게손가락의 역할을 재치이고 흥미있게 묘사한 시조다. 이 글의 주제는 물론 봉사, 헌신이다.

그러나 그 근본적 주제는 작자 자신의 생애로서 묵묵히 자기 직무에 열중해 온 모습을 비유적으로 노래했을 뿐이다. 이런 내용의 시조는 제4시조집에 86수나 실려 있다.

여울을 지날 때는
얕게 얕게 흘러가고

휘도는 소에설랑
깊게 깊게 흐르다가

모이어 강을 이루면
조용 조용 넓은 맘

—「물처럼, (슬기롭게)」, 1수

마른 땅 지날 때는
적시어 주고 싶고

목마른 나그네

마시게 하고 싶고

한여름 첨벙거리며
멱감기는 큰 마음
—「물처럼 (착하게)」, 1수

갈 길이 바쁘더라도
서두르지 아니하고

놀기가 좋더라도
오래 있지 아니하고

물길이 아주 좋으면
힘을 내는 세찬 밤
—「물처럼(성실하게)」, 1수

이상의 세 수는 「물처럼」의 제목 중 (슬기롭게), (착하게), (성실하게)의 첫수들이다. 물의 속성을 슬기롭고 착하며 성실하게 송찬한 것은 바로 이 분의 정신세계요, 이 분이 살아가는 철학이다.

유 선생의 자상한 성격은 이렇게 삼라만상이 자기의 아들딸처럼 사랑스럽고 그 사랑스러움을 시조에 담아 노래로 부르고 있다. 이 시집에 담긴 86수의 제목을 들어보면 병아리, 씨암닭 등의 동물에서부터 나비, 벌, 등의 곤충들은 물론, 양지꽃, 황새냉이 돌나물, 망초, 며느리배꼽, 조팝나무, 작살나무, 미나리아재비, 참새포아풀, 지칭개, 땅빈대, 강아지풀, 질경이, 엉겅퀴, 꽃다지, 꿩의밥, 기생꽃…… 등 수없이 많은 풀꽃들과 나무들이다.

그러므로 풀꽃을 모르는 사람들에게 이 시집은 동식물 도감으로 불리운다. 그만큼 유동삼씨는 자연의 아버지요 스승이다. 바꾸어 말하면 동물원 원장이요, 식물원 박사님이다.

이제 65세의 정년으로 교단을 떠났지만 그 정열과 기상은 계속 글을 쓰기 위해서 살아갈 것이다.

이 분의 건강과 정열은 지금도 50대에 지지 않는 혈색과 용모를 지녔기 때문에 앞으로 더욱 좋은 시를 많이 쓸 수 있을 것이라고 믿어 의심치 않는다.

— 2003『유동삼의 시조와 삶』에 수록

진실이 주는 문학적 감동, - 유동삼의 시세계
— 리헌석 평설

1.

유동삼 시인의 별칭은「세종대왕」이다. 이렇게 불릴 정도로 한글 사랑에 남다른 열정을 쏟은 교육자이며 동시에 한글 바르게 쓰기 운동의 선구자이다. 1948년에 교단에 봉직하기 시작하며 1991년 정년을 맞을 때까지, 초지일관 중등 국어 교육을 위해 봉사했으며, 40여 년간 국어사랑에 헌신한다. 국어 사랑을 실천하기 위해 편집 발간한 책들은 다음과 같다.

『바른 말 바른 글』 1965.
『글짓기 지도 자료』 1975.
『국어 순화 지도 자료』 1975.
『글짓기 지도의 실제』 1978.
『인사의 지도 방법』 1979.
『중학교 한문과 운영 개선』 1979.

또한 유동삼 시인은 한국인의 정서를 표현하는 가장 좋은 장르가 '시조'라는 신념으로 1962년 동아일보에 시조「소쩍새」가 입상·발표되면서부터 본격적인 창작활동을 전개하여 여러 권의 시조집을 발간한다.

제1시조집 『유동삼 시조집』 1967, 회상사
제2시조집 『꽃마을』 1970, 금강출판사
제3시조집 『새꽃밭』 1981, 도서출판 미광사
제4시조집 『집게손가락』 1990, 호서문화사
제5시조집 『물이랑 바위랑』 1996, 대교출판사
제6시조집 『소쩍새』 2002, 예일기획

여섯 권의 시조집에 실린 작품들은 다양한 경향을 보여준다. 시인이 바라보고 마주하는 세상이 열려 있기 때문이며, 세상을 관찰하면서 자연스럽게 시조로 창작하기 때문으로 보인다. 이런 시각에 의하면, 유동삼 시인의 창작 자체가 삶의 진실한 표현이라 하겠다. 일반인이 놓치기 쉬운 자연에 대한 세심한 관찰, 이로 인해 형상화된 자연 사랑, 한글 및 국어에 대한 사랑, 삶의 체험에서 우러나는 진리 등을 담고 있다. 대부분의 작품이 건설적이며 긍정적이다. 일부 비판적 경향의 작품도 있으나 긍정을 향한 도입 과정에 해당되기 때문에, 그의 시적 원형질은 순수와 긍정이라 하겠다.

작가론 또는 작품론은 작가의 전 작품을 대상으로 정리함이 일반적인 경향이나 본고는 유동삼 시인의 제4시조집에 수록되어 있는 작품과 몇몇 대표작을 대상으로 삼아 간략하게 정리하고자 한다. 이는 유동삼 문학의 부문적 평가임을 전제하는 것이며, 많은 연구자들에 의해 본격적인 탐색이 이루어질 것이다.

2.

유동삼 시인의 작품을 정독하면, 시인을 마주하고 있는 느낌에 빠지게 된다. 이는 시인이 자신의 사상과 감정을 진솔하게 작품에 투영하기 때문이다.

시인은 심상을 비유와 성정으로 표현하는데 유동삼 시인도 예외는 아니다. 그가 찾은 서정적 주체를 가장 극명하게 보여 주는 「저 산은」이 있다. 이 시조는 12연으로 되어 있는데 매 연이 독립적이고, 각 연마다 종장에 초점을 맞추고 있다. 물론 이 시조에서의 중심은 시인이 동경하는 그 어떤 대상으로 보인다.

시인이 말하는 바 산, 즉 서정적 주체는 모든 물을 다 바다에 내보내는 희생적 존재이면서 〈남은 물 알뜰히 축여 푸른 나무 푸른 꿈〉을 가꾸는 존재이다. 이러한 예는 남은 11편의 작품 모두에 해당되는 바, 일부만을 살펴볼 때, 2연은 〈차라리 괴로울망정 깨긋하게 씻은 몸〉으로, 3연은 〈수를 놓은 고운 몸〉으로, 4연은 〈하얀 눈 온몸을 덮어 하얀 그림 하얀 몸〉으로, 5연은 〈아프면 큰 품에 품어 새 힘 넣어 주는 몸〉 등으로 산의 성격을 형상화한다.

이러한 작품 성향은 유동삼 시인의 인격을 그대로 옮겨 놓은 것과 같이 느껴지는데, 작품이 시인의 분신이라는 말과도 상통하는 것이다. 그러나 무엇보다 시인을 잘 표현한 작품에는 다음의 시조가 있다.

동기간 한몸같이 아끼며 보살피며
준 것은 잊더라도 받은 은혜 잊지 말고
서로가 도와주면서 한결같이 지내라

하루 종일 놀더라도 논 표는 아니 나고
도막 시간 책 읽으면 공부한 표 금방 난다
하물며 매일 힘쓰면 뛰어나게 되는 법

남의 것은 짚검불도 어려운 것이란다
폐 안되게 살아가기 쉬운 일 아니란다
신세를 지는 것보다 보태주며 살아라

나 하고 싶은 일은 암만해도 표 안 나고
남 위해 하는 일은 작은 것도 표가 난다
남들을 이롭게 하면 나도 빛이 나는 법

—「할머니 말씀」 전문

이 시조는 초등학교 5학년 교과서에 수록(6차 교육과정)되어 있다. 할머니 말씀을 꾸밈없이 옮겨 놓은 형태를 취한 이 작품은 시인의 체취와 지향이 묻어난다. 이 시조의 중심 내용을 내면화하고, 생활 신조로 삼고 있다는 것, 그것을 행동으로 실천하고 있다는 것, 이와 같은 분석이 가능하다.

도덕 교과서나 수신서의 한 부분과도 같은 이 작품이 감동을 주는 것은 작품으로 보여 줄 뿐, 시인이 직접 주장을 하지 않기 때문이다. 도덕 교과서는 대체적으로 '~을 하자' '~을 해야 한다'는 식으로 독자층을 압박한다. 그러나 시조는 그와 달리 독자의 정서에 호소한다. 그것도 보이는 듯, 보이지 않는 듯, 간접적으로 제시한다. 그래서 더욱 가치 있는 도덕 교재가 되리라 믿는다.

이 작품이 현대인에게 제시하는 효에 대한 주제 전달이 힘을 얻은 것은 아마도 순수함과 진솔함에 바탕하였기 때문으로 보인다. 현대가 도시화·문명화되면서 개인적 이기심이 만연하게 되고, 그러면 그럴수록 순수하고 진실한 정신이 그리워지게 되고, 그로 인해 이와 같은 작품이 높이 평가되는 것이다. 현대문학의 조류가 말초적이고 기교적으로 흐르거나, 무엇이 무엇인지 모를 암호화에 빠져 허덕이는 반면, 유동삼 시인의 시는 더욱 순정하고 진솔하여 독자들에게 감동을 주게 된다. 현대 물질 사회가 심화되면 심화될수록 유동삼 시인의 작품이 그리운 대상으로 드러나는 것 또한 이에 연유하리라 본다.

순수를 지향하는 시인은 현대문명에서 느끼는 이질감을 표현하기도 한다.

> 어느 동 몇 호인지 수첩에 적어 놓고
> 잊으면 다시 보고 외더라도 조심하고
> 승강기 오르내릴 때 한눈팔지 못하고
>
> 딴 생각 하고 걷다 403동 15층을……
> 153 열으려다 열쇠가 말 안 들어
> 408 아님을 알자
> 아차!하고 식은 땀
>
> 문도 벽도 유리창도 바닥 천장 다 똑같아
> 숫자만 따라가서 제 집을 다 찾고도
> 408-153을 다시 보고 초인종
>
> —「人 아파트」 전문

현대인은 익명의 시대, 즉 숫자와 부호의 시대에 산다고 하듯이 아파트에서 살고 있는 사람이라면 누구나 한 번쯤 경험했을 일을 꾸밈없이 표현한다. 이러한 현상은 개성과 사색을 즐기는 시인들에게 더 심할지 모르며, 그로 인해 이러한 작품이 창작되리라 본다.

도시 생활의 문명화가 빚은 현상을 비판하는 것과 함께 유동삼 시인은 자연에 대해서 특별한 애정과 세심한 관찰을 하고, 이에 의한 창작 태도를 견지한다. 이 땅에서 자라고 있는 풀, 나무, 꽃, 새, 풍물 등에 애정 어린 관찰과 그에 따른 형상화가 돋보이는데, 그 뛰어난 예를 들면 다음과 같다.

> 향나무 가지에 찌륵찌륵 우는 소리,
> 몸을 움츠렸다 펼 적에 소리낸다.
> 꼬리로 방아를 찧으며 반 박자로 우는 새.
>
> 무슨 소식 궁금하여 마음이 죄는 게다.
> 한 박자로 못 채우고 멋쩍은 저 소리,
> 하늘을 날아갈 때도 몸에 익은 반 박자.
>
> —「찌르레기」 중에서

이 작품의 장점은 '찌르레기'라는 새의 외양과 울음소리에 대한, 작가의 치밀한 관찰력에 의한 형상화라 하겠다. 이 새의 대표적 특성이 꼬리의 움직임인데, 시인은 이 모습을 '꼬리로 방아를 찧'는 형태로 인식하고 있다. 이에서 알 수 있듯이 시인의 세심한 관찰이 작품 속에서 새로운 표현을 창조함을 알 수 있다. 또한 울음소리에 대해서는 '반 박자'로 보았는데, 울음이 끝날 때의 상태를 형상화한 듯하다. 이런 표현은 아무나 할 수 있는 게 아니다. 새심한 관찰과 문학적 표현이 합일하여 나타나는 예술 작품이기 때문이다.

· 큰 바위 금간 틈에서 죽다 살다 하는 풀

—「토끼거웃」 중에서

· 꽃보에서 잡아 온 먹이를 되씹으며

한동안 날개를 쉬는 한가로운 그 모습

—「황새냉이」 중에서

· 작은 열매 무지갯빛 구슬처럼 하도 고아

—「작살나무」 중에서

관찰에 의한 미적 표현은 헤아릴 수 없을 만큼 많다. 이러한 형상화는 자연에 대한 애정의 소산이며, 특히 한국적 자연에 대한 애정의 결정체로 보인다. 자연을 사랑하는 마음, 이러한 성품이 깔끔한 심상으로 정리된다.

흰 바지 검정 웃옷 더럽힐까 걱정되어

흙 하나 안 바르고 나무로만 지은 집에

눈 온 밤 하늘 가에서 선녀 말씀 듣는가!

간밤에 작은 별들 속삭일 때 눈치보고

반가운 임 오신다는 소식을 알려 주면
가슴이 설레는 아침 햇빛 더욱 부시네.
—「까치」 전문

이 작품에서 보여 주는 깔끔함, 청결함은 많은 작품에서도 나타난다. 이는 유동삼 시인이 지향하는 예술 창작 의지이며, 생활에서 실천하는 삶의 철학으로 보아야 할 성싶다. 그러나 유동삼 시인이 자연에 대한 사랑과 그로 인한 작품의 형상화에만 주력하고, 또한 이에 만족하는 것은 아니다. 그가 평생을 교직에 봉사했듯이 교육과 민족에 대한 사랑은 더욱 간절하고 심오하며, 그러한 철학이 작품으로 승화된다.

특히 분단된 민족의 현실을 안타까워하면서, 통일의 그날을 간절하게 소망한다.

이쪽 저쪽 한통되면 한 쪽만 움직여도
아침 저녁 종소리에 사대문 여닫는 양
남북이 돌쩌귀 되어 온 누리를 열어라.

이 쇠 저 쇠 맞아들면 웃돌만 돌아가도
밑돌도 거들어서 고운 가루 나오는 양
남과 북 하나가 되어 맷돌처럼 돌아라.

하나가 동을 보면 또 하나는 서를 본다.
한 쪽이 앉았어도 또 한쪽은 돌고 돈다.
다른 듯 한 몸이어라 한 맘으로 빛나라.

—「남북이 하나 되어」 전문

우리 민족의 염원이요, 지고지선의 가치인 민족 통일에 대한 염원을 간명하게 표현한다. 어려운 철학 용어를 쓰거나, 알 수 없는 말로 멋스럽게 꾸미려 하지 않는다. 쉽게 이해되면서 통일의 염원이 간절하게 드러나는 시, 그런 시조를 그는 꿈꾼다. 통일을 이루는 일과 맷돌을 가는 일의 속성을 찾아내는 예리한 시각, 통일에 대한 신념과 의지가 자연스럽게 녹아들게 표현하는 것은 유동삼 시인만이 할 수 있는 독자적·개성적 표현이다.

이러한 표현은 「분단의 장벽을 넘어」라는 작품에도 나온다. '이쪽도 저쪽도 반쪽 되어 아프던 몸/ 이제는 하나로 되어 온전해질 남과 북'이 서로 양보하여 '분단의 장벽을 넘어 사랑으로 만나자'고 청유한다. 이렇듯이 유동삼 시인은 이 땅, 이 민족과 관련되는 모든 사물, 그것이 자연이거나, 인간이거나, 문명이거나 간에, 모든 것을 사랑하는 심정으로 서로 빚는다.

3.

시조는 언어의 예술이다. 언어의 연마와 조탁을 통하여 예술적 감동의 깊이가 달라지게 된다. 아무리 좋은 사상·감정을 가지고 있다고 할지라도 표현이 어색하거나 미숙하면 감동을 주기 힘들며 문학성마저 떨어지게 마련이다.

이런 이유로 '무엇을 표현할 것이냐'에 이어서 '어떻게 표현할 것인가'에 시인은 고심하게 된다. 유동삼 시인은 자신의 심상을 있는 그대로 순수하고 솔직하게 표현하기 때문에 표현 기교가 필요 없을 것으로 생각하는지도 모른다. 그러나 그것은 '판단의 오류'라는 것을 몇 편의 작품을 통해 깨달을 수 있다. 물론 무기교의 의연함과 솔직함을 드러낸 작품도 많다. 그러나 주제에 따른 적절한 언어의 선택, 은유에 의해 새로운 이미지의 생성, 원관념과 보조관념을 통한 상징성의 창조 등은 유동삼의 시조에 화룡점정(畵龍點睛)의 멋을 부여한다.

어버이 위중하여 숨 거두려 할 적마다
손가락 깨물어서 피 삼켜 드린 정성
그 효성 종소리 되어 가슴 가슴 울린다.

편찮으신 아버지를 밤 새워 구완하고
똥 누자 맛을 보아 차도 있나 살핀 정성
그 효성 큰 등불 되어 골골마다 밝았다.

아버지 산소에서 세 해를 애통하며
밤맞도 잠자리도 추위마저 잊은 정성
그 효성 향기로 번져 하늘 땅을 적셨다.

—「시양골 안 효자 정문」 전문

이 시조는 '효자 안씨'의 서사적 에피소드를 3장의 단형에 압축하여 표현한 작품이다. 1연과 2연은 병구완할 때의 정성이고, 3연은 사망 후의 시묘살이에 대한 정성인데 필요한 부분만 알뜰하게 추려서 형상화한 것은 뛰어난 예술적 감각이라 하겠다. 더불어 각 연 종장의 형상화는 관념의 구체화를 보여 주는 표현으로 비범함에 닿아 있다.

이렇듯이 유동삼 시인은 누구나 이해하기 쉽게 창작하면서도, 작품 한 편 한 편마다 표현의 치열성을 담는다. 이와 같은 시 정신이 바로 예술 작품을 작품답게 완성해야겠다는 장인의식이며, 동시에 꽂꽂하게 자신을 지키는 선비의식과도 상통한다.

이와 같이 표현의 멋에 의해 감동을 주는 몇을 감상하기로 한다.

찬바람 다 붙들어 골짝에 가둬 놓고
으르다 다독거리다 잠 한 숨도 못 잔다.
—「감사 계곡의 단풍」 중에서

맑은 소리 다 모아다 잎 뒤에 다듬어 놓고
햇볕에 한 술씩 말아 아침 저녁 마신다.
—「동학시 계곡의 신록」 중에서

땀은 또 바람에 얼다 연천봉에 올랐네
—「겨울 동산」 중에서

푸른 솔잎 스친 바람/ 조용조용 머무르면//
따스한 별 내려앉아/ 다독다독 보살핀 땅
—「삼보실 한마음」 중에서

진달래 수놓은 산 물에 비친 고운 그림
—「원두문」 중에서

큰 골작 구석구석 밝게 밝게 꾸미려고
눈발이 차가워도 서둘러 피었는가
한 겨울 물리쳐 놓고 봄 마음을 뿌리네
—「개나리」 중에서

이상의 작품들은 시조의 멋스러움과 예술성, 그리고 표현의 생동감을 주기에 충분하다. 또한 남다른 독창성을 내재한 시조로 아무도 따를 수 없는 경지를 보인다. 특히 「갑사 계곡의 단풍」에서 보여 주는 의인화는 상상을 초월할 정도의 기발한 착상으로 보여지며, 「겨울 등산」에서의 형상화는 앞 작품과 다른 새로운 감동을 생성하고, 「원두문」에서는 평화롭고 아름다운 시골의 서정을 형상화한 작품이다.

그의 작품에서 드러나는 표현의 특색은 동적(動的) 이미지(image)는 물론 서정적 이미지나 서경적 묘사도 여러 작품에서 산견(散見)되지만, 표현에 있어 뛰어난 부분은 대체로 의인화를 포함하는 활유법을 사용하고 있다. 이는 시인이 동심의 순수성을 간직하면서 현실성·사실성에 의지해 작품을 창작하는 근거가 되기도 한다. 또한 어떤 일에나 성실하고 근면한 자세로 임하는 치밀한 성격에 연유하기도 한다. 이와 같은 특징을 보이는 작품은 대체적으로 생동감과 신선감을 준다.

(가) 맑은 바람 마시는 산 봉우리마다 정이 넘쳐
푸른 골 바위에도 뿌리 내린 소나무들
사람도 푸나무 닮아 마음마다 푸르다.
—「산 속은」 중에서

(나) 넓은 바다 한가운데 은모래성 꾸미다가

맑은 바람 센 물결에 푸른 노래 실으면서

갈매기 메아리 속에 고운 웃음 심는다.

—「은모래성 금그네」 중에서

예를 든 두 작품을 볼 때 (가)작품은 주로 정적 이미지를 주조로 빚었음을 알 수 있다. '바람을 마신다' '정이 넘친다' '뿌리가 내린다'는 동적인 언어가 있지만 전체적 색조는 '마음마다 푸르다'로 고리가 지어져서 정적 이미지를 중심으로 하고 있다. 이와는 달리 (나)작품은 '넓은 바다' '맑은 바람' '갈매기 메아리' 등의 정적 이미지를 바탕으로 하고 있으면서도 '은모래성 꾸민다' '푸른 노래 싣는다' '고운 웃음 심는다' 등의 동적 이미지가 중심을 이루어 생동감을 준다.

이런 경우에서 보더라도 유 동삼 시인은 시상의 표현에 남다른 열정을 갖고 있음을 알게 된다. 또한 그가 견지하고 있는 치열한 시인 의식을 감지하게 된다.

시인은 두 가지 명제에 충실하다. '무엇을 말하는가' '어떻게 말하는가'인데 유동삼 시인 역시 이 같은 명제에 순수한 열정으로 임하고 있음이 확인된다. 이 다음에 도출된 명제 주의 하나가 '왜 말하는가(노래하는가)'인데 이에 대해 유동삼 시인은 '우리말 우리 글을 다루는 국어 교과서를 가까이하는 일에 종사하다 보니까' 시조를 좋아하게 되고, 좋아하게 되니까 지어 보게도 되었다고 한다.

또한 '학생들에게 시조를 쓰이기 위해서, 그들에게 시성을 불러일으키기 위해서, 그들의 가슴에 시조의 연탄불을 붙이기 위해서 쏘시개 노릇을 할 본보기 글을 지은 것'이라고 자신의 소신을 밝힌다. 시조 교육을 위한 본보기 글을 짓게 되고, 그러다 보면 시조의 모든 영역에 대한 설명과 예시가 필요했을 것이고, 그러함에 힘입어 유동삼 시인의 작품은 다양한 내용에 다양한 표현을 견지할 수밖에 없었을 것이라 본다.

따라서 유동삼 시인은 내용상으로는 교훈적·긍적적인 제재를 선택할 수밖에 없었을 것이며, 표현에 있어 다양함을 유지하면서 새로움을 찾아내기에 치열하였을 것이다.

즉 새로운 표현, 상식을 뛰어넘는 비범한 표현, 일반서정보다는 개인의 독특한 세계를 구축하는데 남다른 고심과 노력이 경주되었을 것이고, 그로 인해 그의 작품은 문학성·예술성·교훈성이 돋보이는 작품으로 승화되었을 것이다.

4.

서두에서 말한 것처럼, 유동삼 시인은 생애를 교단에서 봉사한 교육자이고, 우리말 우리 글을 사랑한 국어 사랑의 실천자이며, 한국인의 정서를 가장 잘 표현하는 문학 양식인 시조를 창작하는 시조시인이다. 그의 사상감정이 시조 작품으로 진솔하게 표현되기 때문에, 그의 작품에서 독자들은 그의 삶과 철학을 읽어낼 수 있다. 이러한 동질감을 바탕으로 문학의 향기와 감동을 공유하게 된다.

이를 정리하면, 유동삼 시인은 올곧은 생활, 긍정적 태도를 견지하고 있는 시인이라는 점, 그의 시에는 자연 사랑에 대한 작품이 많다는 점, 또한 그의 작품에는 깔끔함·청결함 등을 주조로 하는 작품이 많고 이는 선비 의식을 생활화하고 있는 반향으로 볼 수 있다는 점, 언어의 예술성에 의해 빚어진 작품은 증폭되는 감동을 준다는 점, 그리고 표현에 적절한 언어의 선택, 새로운 이미지의 창조, 비유와 상징에 의해 생성된 생동감은 독자의 심금을 울리기에 부족함이 없다는 점 등이다.

이에 해당하지 않으면서 간과한 부분은 유동삼 시인의 비판의식이다. 그의 비판의식이 수용된 작품은 다시 읽을수록 빛을 발한다.

꽃 찾아 헤매다가 돌아가는 나비들이
죄 없이 걸려들면 사정없이 바수는 맘,
차라리 양심이나 없으면 홀가분한 신세여.
—「거미」 셋째 수

"농약만 안 쳐도 걱정 하나 없겠어요.
독한 물 안 마시면 죽지는 않을 텐데."
"논물이 아주 독하거든 삼바실로 오너라."
—「개구리밥」 넷째 수

달들 은들 고운 이름/ 월평(月評)이 빼앗아도//
달밤에 달빛 물빛/ 서로 곱게 어우러지다//
달 혼자 비단옷 입고/ 밤길 걸어 갑니다
—「달들」 첫째 수

「거미」는 사물 자체의 속성을 노래한 것이면서도, 세상에는 '거미'와 같은 속성을 가진 사람들이 많이 살고 있기 때문에 상징에 의한 형상화로 보아도 될 것이다. 「개구리밥」 역시 사물 자체에 대한 노래라 하겠다. 그러나, 이 작품은 공해로 인한 환경오염을 고발하는 효과도 얻고, '삼바실'로 지칭되는 이상향을 구체화하여 제시하기도 한다. 또한 「달들」에서는 우리말을 사랑하는 시인답게, 한자말에 침식당한 언어 현실을 고발한다. 이러한 비판과 함께 시인은 자신이 추구하는 이상향을 향하여 치열하게 실천하고 있음이 확인된다.

이상 유동삼 시인의 작품과 그의 지향에 대하여 주마간산(走馬看山)격으로 산책하였다. 여러 작품을 대하면서, 넓은 숲 속에 발을 갓들여 놓은 것과 같음을 느끼게 되었다. 시인의 세수 80에 이르기까지 경험한 다양한 사상(事象)을 작품으로 빚어내기 때문에 그의 작품 세계를 치밀하게 섭렵한다는 것은 여간한 일이 아니다. 차후 다른 평자(評者)들이 깊이 있게 다루리라 믿고, 간략하게 정리한다.

이 글이 존경받는 시인의 위상에 누가 되지 않기를 바라는 마음으로 옷깃을 여민다.

—『대전문학』 1991년 4호 발표 평론.

—《오늘의문학》 2000년 여름호 집중조명 재수록.

— 2003년 『유동삼의 시조와 삶』 재수록.

타자를 위한 평화의 시학, - 유동삼의 시조

— 신웅순 평설

1. 평화의 시학을 위하여

타인은 나의 세계를 훔쳐가고 타자의 시선을 통해 나를 즉자인 대상으로 만들어 버린다. 타인은 나를 한낱 사물로 만들어 버리는 것이다.

타인의 시선 앞에서 사물이 되어 버린 나는 이제는 이의 만회를 위해 내가 그를 즉자인 대상으로 만들려고 한다. 그래서 사르뜨르의 실존철학은 사아와 디지 간의 불가피한 갈등과 투쟁으로 귀착된다. 타자는 항상 불안의 대상이며 정복되어야 할 존재인 것이다.

이와는 달리 레비나스의 철학은 이타적인 주체성으로 귀착된다. 타자와의 윤리적 관계를 통한 환대로서의 주체성이다.

이러한 윤리적 관계는 타자와의 친밀한 대화나 사랑을 통해 평화에 접근하고자 하는 것이다. 참된 도덕만이 비인간적인 폭력을 극복할 수 있다고 믿고 있다. 레비나스의 철학은 참된 평화의 가능성을 모색하는 데에 있는 것이다. 이러한 타자에 대한 평화의 구축은 레비나스 철학의 근본적인 축이 되고 있다.

여기에서 유동삼 님의 텍스트와 만나게 된다.

내 생활을 더욱 맑게 하고 내 이웃을 더욱 밝아지게 하려는 소망을 담는 경우가 많아지다 보니 내 글은 문답식 표현이 있고 구체적인 표현이 많은 편이다. … …나는 글을 쓰는 일을 읽는 이에게 봉사하는 일이라고 생각한다. 그러면서 내 자신이 여물어 가는 것을 느낀다. 그래서 즐거운 마음으로 글을 쓴다.

유동삼 님의 텍스트는 이러한 이타적인 평화의 시학을 그 배면으로 깔고 있다. 이는 텍스트의 논지 실마리를 제공해 주고 있다. 님의 텍스트는 타자를 받아들이는 노동의 주체가 그 축이 되고 있는 것이다. 텍스트의 의도적인 평화의 시학을 구축함으로써 하나의 이타행위를 실천하고 있다.

2. 텍스트에 대한 거리

완체스터는 문학의 요소로서 정서, 상상, 사상, 형식을 들었다. 이 중에서 최재서는 문학을 독창적으로 만드는 것은 정서이지만 문학을 위대하게 만드는 것은 사상이라고 했다.

필자가 논의하고자 하는 것은 유동삼 님의 사상이다. 발레리는 광세의 시구 중에 있어서 과일 속의 영양소처럼 숨겨져 있지 않으면 안 된다고 하였다. 과일에서 우리는 단맛을 먹는 것 같지만 사실은 비타민을 먹고 있는 것이다. 그런데 유동삼 님의 시조는 단맛처럼 재미도 있지만 비타민도 함께 섭취하고 있다. 텍스트 속에 비타민이 숨겨져 있는 것이 아니라 비타민이 텍스트 표면에 나타나 있다. 사상이나 교훈들이 겉으로 드러나고 있는 것이다. 독자들은 빈자리가 없기 때문에 채워 읽을 필요가 없다. 그런 점에서 동시조에 가깝다. 편하게 읽을 수 있고 주제 의식을 쉽게 파악할 수 있다.

> 한맘으로 남을 위해/ 삼락회 관광 부장
> 권익도 없으면서/ 오직 봉사하는 일
> 수할 분 건강한 다리/ 등산 취미 부럽네
>
> —「한맘으로 남을 위해」 1연

텍스트는 정철의 훈민가를 연상시킨다. 봉사가 그 주체이고 그 사람이 부럽기까지 하다고 하였다. 여기에서 텍스트에 대한 거리 조정이 제기될 수 있다. 거리란 텍스트에 대한 거리 조정이 제기될 수 있다. 거리란 텍스트에 대한 개인 관심의 개입도를 말한다. 관심을 텍스트에 얼마나 많이 투입시키느냐에 따라 그 거리가 조절된다.

시 텍스트에서는 이를 심리적 거리 혹은 미적 거리라고 한다. 올드리치는 관찰이나 간파의 두 의식 작용의 대비를 통해 이를 정의하였다. 관찰은 대상을 차가운 물리적인 사물로 바라보는 것이지만 간파는 대상을 따뜻한 미적 대상으로 보는 것이다.

유동삼 님의 텍스트는 이 두 의식 작용이 동시에 투입되어 있다. 관찰을 교훈이라고 한다면 간파를 정서라고도 말할 수 있다. 교훈과 정서가 적절히 텍스트에 조절되어 나타나고 있다. 그래서 재미있게 읽을 수 있고 교훈을 주기도 한다. 때론 지나친 거리 조정으로 건조하기도 하지만 휴머니티로 이를 극복하고 있다.

하는 일이 많아도/ 차근차근 가다듬고
문을 열어 놓고/ 많은 분 드나들 제
호미로 꽃밭을 매듯/ 빈 구석이 없는 분

—「호수에 떠 있는 밴가」의 둘째 연

대상을 관찰하고 있다. 그러나 종장에서 훈훈한 인간미로 미적 거리를 조절하고 있는 것이다. 미적 거리란 텍스트로부터 자기 분리이다. 개인의 관심을 버린 초연한 마음의 상태이다. 그런데 텍스트에는 개인이 의도하는 바가 명확하게 기술되어 있다.

시 텍스트의 의미 산출은 다양하게 나타난다. 의미의 일부는 텍스트에서 나오고 그 일부는 독자에서 나와 텍스트를 완성시키는 것이 보통이다. 님의 텍스트는 그렇지가 않다. 독자에게 창조할 수 있는 틈을 주지 않는다. 독자는 저자의 숨은 의도를 금세 찾아낼 수 있다. 이럴 때 텍스트는 저자와 독자와의 대결을 보여 주지 않는다. 독자에게 창의력을 허용할 기회를 주지 않기 때문이다.

언급한 님의 서문에서 보면 어렵고 재미없으면 읽지 않아 쉽게 쓴다고 하였다. 그래서 구체적인 표현이 많다고 하였다. 예술성보다는 다분히 자신의 사상이나 주제 의식을 일반에게 알리기 위한 것으로 보인다. 서문에서도 독자에게 봉사하기 위하여 글을 쓴다고 하였다. 이런 점에서 본다면 필자의 예술성에 대한 언급은 님에게 있어서 오히려 거추장스러운 장식품일지 모른다.

3. 텍스트의 주제 의식

그러나 유동삼 님의 텍스트에는 이러한 평화의 시학을 텍스트의 분모에 깔고 있으면서 분자에는 네 가지의 주제 의식을 구현하고 있다. 첫째는 조상의 슬기와 얼을 꽃과 식물에 관한 텍스트에서 구체화시키고 있다.

「매듭풀」, 「마타리」, 「지칭개」, 「할미질빵」, 「애기똥풀」, 「돌마늘꽃」 등 44편에서 조상의 슬기와 정서가 들어 있다. 이름은 알아도 어느 풀인지 이름과 사물을 매치시킬 수 없는 것들이 대부분이다. 님은 이름도 낯선 이러한 대상들을 자세히 관찰한 뒤 그 풀들의 형태와 사물의 이름을 매치시켜 의미를 부여하고 있다.

못 보면 못 볼수록 더 그리운 임의 생각
다시 철이 바뀌지며 기다리다 몸이 타고
둘이서 교대로 앓아 키는 아예 못 큰다

—「놀마늘꽃」 셋째 연

마르는 동안에만 지독한 냄새가 난다
뿌리는 더하고 꽃송이도 구린내
이 풀로 맛탈이 나서 맛탈 난다고 마타리

—「마타리」의 셋째 수

피죽으로 산나물로 쑥범벅 아침 저녁
식구마다 누렇게 부황이 들었을 제
이팝꽃 바라보면서 슬픈 마음 달랬지!

—「이팝나무꽃」

「돌마늘꽃」에서는 풀의 형태를, 「마타리」에서는 사물의 이름을 연관시켜 의미 부여를 하고 있다. 「이팝나무꽃」은 조상들의 보릿고개의 어려움을 텍스트를 통하여 진지하게 표출하고 있는 것이다. 님은 꽃과 풀들을 대상으로 하여 평화의 시학을 구축하고 있다. 대상에 대한 따뜻한 애정과 관심이 이를 뒷받침하고 있다. 시인은 대상으로 하여금 자신의 애정을 투입시켜 갖가지의 의미들을 빚어내고 있는 것이다.

이런 의미들은 꾸며낸 이야기인지 전해 오는 이야기인지는 모르나 독자는 사실인 것처럼 착각하게 된다. 순수하고 진실하게 표출되었기 때문이다. 그만큼 님의 텍스트는 문장이 완성되어 가면서 거의가 기표 위로 떠 오른다. 그만큼 쉽게 읽혀진다. 금세 시인의 의도를 알아차릴 수 있는 것이다.

둘째는 휴머니티이다. 이웃에 대한 봉사 정신이 축시들을 통해 나타나 있다. 「어느 양계장 주인」, 「큰일꾼」, 「어느 아가씨에게」, 「햇살처럼 빛나는 가정」, 「봄날 햇살에」 등 이러한 주제로 텍스트에서는 38편이나 실려 있다. 대부분이 혼인, 개업, 정년 퇴임, 위안, 격려 등의 축사들이다. 사람에 대해 평화의 시학을 구체화시키고 있는 것이다.

어디 사는 누구냐고 적어 두려 물어도
주님 뜻으로 주고 가는 것이라며
묻는 말 답하지 않고 웃음짓는 그 얼굴

—「어느 양계장 주인」 셋째 수

최상으로 꼽는 심덕/ 간 곳마다 빛이 되고

상냥으로 길이 든/ 아름다운 이웃 사랑
철저한 실천에 따라/ 믿음직한 큰 일꾼

—「눈부신 빛」 첫째 수

박 속같이 하얀 마음 정성스런 바탕되고
종일 일하여도 상냥한 웃음으로
미움도 큰 사랑으로 감싸주며 살아라

—「상냥한 웃음으로 · 1」의 둘째 연

「어느 양계장 주인」은 남을 위해 봉사하는 삶을, 「눈부신 빛」은 이웃 사랑 정신을, 「상냥한 웃음」은 정성스러운 마음을 나타내고 있다. 뷔퐁은 문제는 곧 사람이라고 하였다. 사람에 대한 사랑과 봉사의 정신이 없이는 이런 글을 쓸 수가 없다. 각계 각층에서 봉사하면서 사는 사람들의 모습을, 이웃 사랑을 말없이 실천하는 사람들을 대상으로 하여 사실적으로 표현하고 있는 것이다.

문학과 철학은 같을 수 없다. 그러나 철학과는 깊은 관계가 있다. 그렇다고 문학 작품은 철학적 가치에 의해 결정되지 않는다. 철학적 가치로써만이 측정될 수 없는 예술성을 문학은 갖고 있기 때문이다.

톨스토이의 「이반 일리니치의 죽음」에서 인생의 의미를, 까뮈의 「구토」에서 부조리의 존재를, 앙드레 말로의 「인간조건」에서 비극적 인간을 다루었기 때문에 훌륭한 작품으로 남는 것은 아니다. 거기에는 문학이라는 예술성이 있었기 때문에 훌륭한 작품으로 남을 수 있었던 것이다.

훌륭한 작품은 고도한 예술성에서 얻어진다. 정서, 상상, 사상,

형식과 같은 문학 요소들이 긴밀히 결합되어 이루어지는 것이다. 텍스트에 대한 님의 철학은 다분히 종교적이다. 필자는 텍스트를 이러한 사상적인 측면에서 시도했기 때문에 가치 평가는 유보될 수밖에 없다. 예술성은 철학에서 얻어지는 것이 아니기 때문이다.

셋째로는 향토에 대한 사랑이다.

향토는 내가 나서 내가 자란 곳이다. 향토 사랑은 누구에게나 갖고 있는 것이다. 그러나 님의 텍스트에서의 화자의 사랑을 직접 실천을 하고 있는 것이다. 텍스트에서는 대부분의 화자가 텍스트 밖에 있다. 밖에서 관찰하고 있는 것이다. 말보다 실천이 앞설 때는 이는 예술성을 떠나 존경의 대상이 된다. 텍스트마다 향토에 대한 평화의 철학이 구현되고 있는 것이다.

땅의 고유 이름에 대한 각별한 애정을 읽을 수 있다. 땅의 고유한 이름에 구체적인 뜻을 부여하고 있는 것이다.

이러한 주제로 「내 고향 땅 이름」, 「동문재」, 「삼고께」, 「말자리, 말구렁이」, 「대전의 산 셋」 등 21편이나 실려 있다.

> 나무 한 점 해 지고 돌아오며 어른 걱정
> 더 늙기 전에 살림 일궈 편하게 모셔야지
> 생각을 하고 또하고 땀 흘리며 넘은 재
>
> —「동문재」 셋째 연

> 올챙이 딱하다고 살려 준 보답으로
> 접시에 쌀이 가득 그릇마다 쌀이 가득
> 큰 부자 되고 나서는 밤에 접시 묻은 산

—「보문산」

넷째로는 애국정신이다. 특히 우리 국어에 대한 사랑은 각별하다. 「문」, 「일본의 억지 소리」, 「국어 사랑」, 「국어순화」, 「이종국님」, 「한말글」, 등 여러 편에서 애국 정신과 한글 사랑을 엿볼 수 있다.

한국이 일본보다 훨씬 먼저 가꿔 온 땅
국적도 옛지도에 분명히 앞섰는데
땅덩이 워낙 탐이 나 억지 소리 했는가!

—「일본의 억지 소리」 첫째 연

나 좀 소개해 주기 바란다
나 좀 소개시켜 주기 바란다
아래는 틀리는 말이니 위와 같이 써야 돼

—「국어 순화」 첫째 연

「일본의 억지 소리」에서는 애국 정신이, 「국어 순화」에서는 한글 사랑 정신이 나타나 있다. 애국 정신이나 한글 사랑 정신을 텍스트에 구현시킨다는 것은 쉬운 일은 아니다. 그런데 님의 텍스트는 이러한 정신을 직설적으로 자연스럽게 전달하고 있다. 대상을 염두에 두고 그렇게 해야한다는 사명감이 텍스트에 나타나 있는 것이다. 예술성의 차원보다는 시조의 정신은 이러해야 한다는 것을 알리는데 목적이 있는 것으로 분석된다.

4. 마무리

조상의 얼, 휴매니티, 향토 사랑, 애국 정신 4가지 점에서 유동삼 님의 주제 의식을 살펴보았다.

그러나 이러한 시조들의 특색은 하나같이 쉽게 쓰여져 있다는 점이다. 그래서 구체적이다. 누구나 시조는 쉽게 접할 수 있는 것이라는 것을 보여 주고 있다. 이런 점에서 시조 창작의 모범이 되고 있다. 또 하나는 대부분이 동시조처럼 쓰고 있다는 점이다. 어린이도 노인들도 시조를 읽으면 '아, 시조라는 것이 어려운 것이 아니구나.'라는 것을 깨닫도록 의도적으로 썼다.

필자처럼 이러한 생활 신조를 창작 실천도 각박한 현대사회에서 중요하다고 생각된다. 고급 독자들이 예술성이 있고 깊이 있는 시조를 요구할는지는 모르지만 시조는 고급 독자만의 전유물은 아니다. 시조는 누구나 읽고 쓸 수 있어야 한다.

이런 점에서 유동삼 님은 이를 몸으로 실천하신 증인이 아닌가 생각된다.

> 꽃은 고와도 그 이름은 모른다
> 물으면 대답하고 안 물어도 묻게 해서
> 고운 꽃 이름 알리려 군데군데 가꾼다
>
> ―「마타리」 전문

마타리꽃을 모르는 사람들에게 알려 주려고 군데군데 심는다고 했다. 이렇게 시조를 모르는 사람들에게 알려 주기 위해 텍스트에까지 실천하고 있는 것이다.

텍스트 해석은 한계가 있게 마련이다. 해석이 무엇이건 간에 완전한 해석은 불가능에 가깝다. 텍스트에는 무한한 기표들만이 표류하고 있기 때문이다. 그러나 텍스트 해석은 기호로 인식함으로써 다른 무엇을 알 수 있다는 기본 원리에 기초를 두고 있다. 해석의 영도가 존재한다고 전제할 때 일의적인 텍스트를 무한한 의미의 텍스트로 무한하게 해석되기를 원하는 텍스트를 일의적으로도 읽을 수 있다.

필자가 생각하기로는 유동삼 님의 텍스트는 텍스트가 무한하게 읽혀지기를 원하든, 일의적으로 읽혀지기를 원하든 일의적인 텍스트로 읽어야 한다는 점이다. 다양한 해석을 허용하는 텍스트는 아니다. 여기에서 예술성의 문제를 제기할 수 있다. 님의 텍스트에는 은유나 상징들이 거의 없다. 그렇기 때문에 다의적으로의 해석을 용인하지 않는다. 그러나 텍스트는 예술성 이전의 문제이다. 일반 독자들에게 님의 주체 의식을 구현하기 위하여 창작했기 때문이다.

타자에 대한 평화의 구축이 레비나스의 철학의 기본축이라고 볼 때 님의 타자 의식은 여기에 맥락이 닿는다. 텍스트에 나타난 네 가지의 주제 의식은 타자를 위한 평화의 시학이다. 여기에 유동삼 님의 텍스트가 귀결되어 있다.

— 《오늘의문학》 2000년 여름호 집중조명 수록

2003 『유동삼의 시조와 삶』

욪모 유동삼의 삶과 시조(별세 이후)

— 신웅순 평설

1. 들어가며

충청·대전의 현대시조는 현대시조의 선구자인 가람의 제자, 정훈으로부터 비롯되었다. 60년대에는 시조 전문지 『청자』가, 70년대에는 『차령』이 나와 충청·대전의 시조 디딤돌 역할을 했으며, 80년대에는 『가람문학』이, 90년대는 『한밭 시조』가 나와 1980·90년대를 전후해 많은 시조 시인들을 배출, 큰 밭을 일구었다. 21세기에 와서는 시조 정체성 회복을 위한 시조 잡지 『시조예술』(1-9호)1)이 나왔으며 이후 시조전문 동인지 『금강』2)과 『토방』3)등이 출현해 기존의 『가람』, 『한밭시조』와 함께 대전 시조의 견인차 역할을 하고 있다.

60년대의 한밭 시조 동인지 『청자』(1965)4)의 등장은 이 고장 최초의 순수 시조 동인지로 충청·대전의 시조문학사에 매우 중요한 의미를 갖는다. 이 외에 욪모 유동삼은 『호서문학』, 『차령』, 『가람문학』 등 동인지에 주도적으로 참여했다.

1959년 천안 중학교에서 대전 여중으로 옮기던 무렵 김붕한 시인이 나를 데리고 소정 선생을 찾았다. 시조집 『꽃 시첩』(1960)을 주셨다. 그 시조집을 읽고 나도 지을 수 있는 글이구나! 멋있는 글이다. 장미 같은 글은 못 써도 찔레꽃 같은 글은 쓸 수 있겠다.

이런 글로 어린이들 가슴을 울릴 수 있다면 얼마나 보람스러운 일인가!5)

시인은 글을 쓰는 것이 독자들에게 큰 봉사자가 되는 일이라고 생각했고 글 잘 쓰는 것은 만인의 스승이 되는 길이라고 생각했다. 그에게 큰 영향을 끼친 또 하나의 시문집이 있었다. 이은상의 『노산시문선』이었다. 그는 이 책을 읽고 큰 감명을 받았다. 육모 유동삼의 시조 창작 출발점은 이쯤에서부터 시작되었다. 1962년에 ≪동아일보≫ '동아시조'란에 「소쩍새」가 입선되었고, 1965년에 청자 동인으로 참여했고, 1969년에는 전국백일장에 입상했다. 시인은 30대 후반부터 본격적인 시조창작 활동을 시작했다.

2. 삶과 교육

1) 최현배 선생과의 만남

유동삼 시인은 1925년 1월 대전 서구 평촌 3동에서 아버지 상적, 어머니 해주 오씨 상필의 5남매 중 막내로 태어났다. 1931년 삼종형 동순, 동욱의 스승님 서당에서 한문을 공부했으며 1935년 3월 사립 길헌 의숙에 입학, 9월에 기성공립보통학교에 편입했다. 1940년 청주사범학교 심상과에 입학, 1945년에 졸업했다. 1946년 22세 진잠초등학교 교사로 발령을 받아 교육계에 첫발을 내디뎠다. 이후 1991년 논산 벌곡 중학교 교장으로 정년퇴임하기까지 44년간을 교직에 몸 담아왔다. 시인의 별명은 세종대왕이다. 그에 걸맞게 유동삼 시인에게는 운명을 바꿀 만한 사건이 있었다. 최현배 선생님의 저서 『글자의 혁명』과의 만남이었다.

한글 전용법은 1948년 10월 9일에 공포하였다. 이 법 제정의 이론석 배경을 이룬 책이 있다. 『글자의 혁명』이다. 이 책은 1947년 5월에 군정청 문교부에서 펴냈다. 최현배 선생께서 지으셨다. 그러니까 한글 전용법 공포 1년 6개월 전에 이 책이 나왔다. 나는 이 책을 22세 때부터 읽었다. 사범학교 졸업직후 초등학교 병아리 교사 시절이었다. 나는 이 책에서 아주 큰 감동을 받았다. 내 평생을 한글 운동에 발 벗고 나서게 한 것은 이 책의 영향이었다.6)

시인은 진잠초 재직 시절 당시 군정청 편수국장으로 있던 최현배 선생의 저서 『글자의 혁명』을 접했다. 골자는 '문자의 혁명 없는 한 우리 문화가 근대문화로 발전할 수 없다'는 내용이었다. 1946년 광복 직후는 우리말과 우리글을 제대로 가르쳐야할 매우 위중한 시기였다. 『글자의 혁명』은 그의 운명을 바꾸어놓은 계기가 되었다. 시인은 이 책에서 '우리 나라가 나아갈 길은 한글전용이요, 국어순화이다'라는 것을 깨달았다. 외솔 선생이 지은 『우리말본』도 이 때 읽고 큰 감명을 받았다.

한글 사랑 실천을 위한 공부가 필요했다. 그는 1947년 10월 진잠초등학교에서 서울금양초등학교로 근무처를 옮겼다. 한글학회가 주관한 한글강습회에 나갔고 여기에서 교육부가 위촉한 세종중등국어교원 양성소를 다녔다. 이 양성소에서 숭모해왔던 최현배 선생을 만나 2년 간 강의를 들었다. 거기에서 국어강사 자격증을 받았다. 그에게 최현배 선생님은 운명적인 만남이었다. 광복 직후 일본식 표기 등 국적 불명의 말과 글이 범람하고 있을 당시였다. 그 때 유동삼은 국가를 위해 한글사랑에 온 몸을 바쳐야겠다는 생각을 했다. 1951년 대전공업중학교교사를 거쳐 한밭 중학교 교사가 되었다. 이때부터 본격적으로 한글 사랑 보급 운동의 실천에 들어갔다.

2) 국어사랑 실천 운동

소쩍새와 진달래를 두견이 넘보는 봄
겨우살이 덩굴 보고 인동이 눈흘길 제
패장이 마타리 등을 약방에서 칩니다.
백이 온을 즈믄을 안보는 데서 태우더니
유등천이 버드내를 다리 밑에서 때립니다
태평동 군데군데에 벌말이 굶어 누웠습니다.
훍손이 고데한테 찔려서 피 나는데
굴이 터널한테 대낮에 뺨을 맞습니다
세일이 에누리 보고 물러가라 소리칩니다.

—「우리말을 살려라」 전문

우리말이 한자말, 외래어에게 수난당하는 모습을 그리고 있다. 넘보거나, 눈흘기거나, 태우거나, 때리거나, 굶거나, 피나거나, 뺨맞거나, 소리치거나해서 그렇게 순우리말을 밀어내고 못 살게 굴고 있는 모습을 연시조로 표현했다. 위 시조는 시인의 우리말 사랑이 어떤지를 단적으로 보여주고 있는 예이다. 그는 삶 자체가 전부 국어사랑이었다.

1947년 10월에 충남에서 서울로 근무처를 옮겼다. 이 때 경력 증명을 해 가야했다. 관례를 깨고 가로로 쓴 한글 이력서를 제출

했다. 이 때 충남도 학무과 장학사 ㄱ씨가 "왜 남들 하는 대로 하지 않고 특이하게 썼느냐?"고 말했다. 다시 써오랴고 했더니 그냥 두라고 하였다.7)

최현배 선생님의 한자 안 쓰기, 가로쓰기의 영향임은 두말할 나위가 없다. 당시엔 봉급 담당시 교사들의 월급봉투도 이름과 액수를 모두 한자로 썼다. 시인은 관례를 깨고 고집스레 전부 한글로 썼다. 모두들 처음 보는 것이라 어리둥절했고 그 때만해도 한자를 써야 행세깨나 하는 것으로 생각했다. 그는 아랑곳 하지 않고 모두 한글로 국어 사랑을 일상생활에서 몸소 실천했다. 한글만 쓰는 그를 좌경 분자로 생각해 색안경을 쓰고 보는 사람들도 있었다고 한다. 그에게 삶은 곧 한글사랑이었다.

황순원의 「소나기」에 '이것은 싸리꽃, 이것은 들국화, 이것은 도라지꽃'이라는 데가 있다. 이 '들국화'는 '구절초'라야 맞는다. 일본말로는 '구절초'를 '노키쿠(野菊)'라 하므로 왜정 교육을 받은 사람 중에서 '구절초'를 '들국화'라고 하는 사람이 있다. 이 원작에는 '들국화'라 썼더라도 '구절초'로 고쳐야 한다. 한글학회 큰사전 여섯째 권부록 102쪽에 '시베리아노키쿠'는 '구절초'라고 분명하게 밝혀 놓았다.8)

> 한겨울 눈 속에서 뿌리가 안 어는 풀
> 엄마처럼 무더움 다 이겨내고 꽃 피운다
> 향기로 가을을 적셔 고운 단풍 만드나
>
> ㅡ「구절초」 전문

빼앗긴 우리말 되찾기의 예이다. 그의 국어사랑은 국어순화,

우리말 바르게 쓰기, 행사교육에서 실수하는 말을 찾아 실천하기, 교명, 동 한글 이름 짓기, 초등학교 한자 교육 건의는 잘못 등 일상생활에서 교육에 이르기까지 모든 방면에 걸쳐 있었다. 그는 이를 실천에 옮겼다. 그에게 말의 힘은 곧 나라의 힘이었다.

3) 초·중·고 국어 교과서 잘 못 된 곳 잡아주기

초·중·고 국어 교과서에 잘 못된 표현을 바로 잡아『한말글 사랑』에 발표해 이를 실천에 옮길 것을 건의했다. 높임말의 한 예이다.

6-1 초등 국어읽기(2002-2003) 134쪽 '해맞이'는 다듬을 데가 많다.

'해맞이'에서 한 문장의 처음과 끝을 다 높임말로 쓴 데가 있고, 처음과 끝만 높이고 중간은 예사말로 한 데가 있다. 이것은 우리말의 본새를 잘 보르기 때문이다.

예를 들면 아버지께서는 고기가 담긴 상자를 들고 배에서 내리다가 우리를 발견하고는 반가운 듯이 말씀하셨다.

→고기 상자를 드시고, 내리시다가, 발견하시고는, 반가우신 듯이

딴나라 말에서는 높임말을 우리처럼 쓰지 않으니, 이것을 본받은 듯하다. 문법에 맞고 멋이 있어야 좋은 글이다.9)

외에도 고쳐 써야 좋은 곳, 다듬어야할 곳, 잘 못 쓴 곳, 함부로 쓰지 말아야 할 곳, 회의 진행 요령과 말씨, 우리 말투 등을 세세히 지적해 발표했다. 그의 국어사랑에 대한 열정이 어떠했는지를 알 수 있다. 그는 실천에 옮기는 방법까지도 제시했다.

4) 일상생활에서의 실천

철도청에서 쓰는 잘 못된 말투와 민간에서 쓰는 잘 못된 말투이다.

'안내말씀 드리겠습니다.'는 철도청에서 쓰는 말투이다. 잘못된 말로 시인은 시정할 것을 건의했다. 받아들이지 않았다. 철도청에서는 1999년부터 각 역의 안내 방송말을 '……안내말씀 드리겠습니다.'를 채택하였다. 이것은 잘못 된 것이라고 쓴 글(우리말투)를 보냈으나 이해하지 못하는 모양이다. 중앙의 연구 기관에서 제시해준 것이니까 믿을 수밖에 없을 것이다. 그러나 어느 것이 옳은가 스스로 판단해야 한다.

이들이 이렇게 하기까지는 '-겠습니다.'의 말투를 오랫동안, 매우 널리 써 왔기 때문이다.

○ ○ ○ 기념식을 시작하겠습니다.(×) → 시작합니다.(○)

국기에 대한 경례가 있겠습니다.(×) → 경례를 합니다.(○)

교육감님의 축사가 있겠습니다.(×) → 교육감님께서 축사를 하십니다.(○)

이상으로 ○ ○ ○을 마치겠습니다.(×) → 마칩니다.(○)

관청에서나 군대에서나 민간에서나 학교에서나 지금도 '……겠습니다.'를 아니 써야 할 텐데 마구잡이로 쓴다. 아무리 계도해도 버릇이 굳어서 고칠 수가 없다고 한다. '……이 있겠습니다'는 다 기형문이다.10)

시인은 교과서 외에도 일상생활에서 잘못된 표현들을 일일이 잡아내어 해당기관에 편지를 보내 시정하고자 했다. 또한 정부의전 편람, 군대에서 쓰는 말투, 우리의 잘못된 발음, 꽃 이름, 아파트 이름, 일본말 찌꺼기들에 이르기까지 우리말을 바르게 쓰도록 건의를 했으며, 이를 어떻게 실천에 옮길 것인가 방법까지 제시했다. 시인이 말한 일본말 찌꺼기의 예시이다. 일부만 뽑았다.

틀리다→다르다, 아나고→붕장어, 잉꼬→사랑새, 야마시가 있다→부정(협잡)이 있다, 도기다시→갈아내기, 아라이다시→씻어내기, 세탁소→빨래집, 입빠이→가득. 더, 자바라→주름 가리개, 주름발, 금 오만원→돈 오만원, 단도리→마련, 단속, 오야지→책임자, 와사비→겨자, 대인→어른, 소인→어린이 11)

외에도 광고문, 협조문, 방송말, 일상의 말, 예절, 회의 진행, 알림판, 연하편지, 쓰레기 투기 등 고쳐야할 말, 띄어쓰기에 이르기까지 그의 실천은 생활 전반에 걸쳐있다. 그가 눈에 띄는 그 어떤 것도 잘 못된 말들을 찾아 시정해 줄 것을 해당 기관에 계속해서 건의했다. 여기에 우리말·우리글이 제대로 사용되고 있는지 감시자 역할까지 했다. 삶 자체가 한글사랑이요 한글 사랑 자체가 삶이었다.

5) 한말글 사랑 한밭 모임

한말글은 '한말'과 '한글'의 합성어이다. 이 모임은 1991년 우리 말과 글을 올바로 사용하자는 뜻에서 대전 지역의 교수와 문인 등 30여명이 만든 단체이다. 유동삼 시인은 창립 당시 으뜸일꾼(회장)으로 이 단체를 이끌어 왔다. 회원은 교수도 있었고 교사, 공무원, 정년퇴임한 교육자 등 다양했다. 우리말 우리글에 대한 애착은 이들 모두가 다 한가지였다. 그의 말이다.

회원은 30여명인데 두 달에 1호꼴로 모이는 정기모임에는 약 15명 정도가 출석합니다. 모임에서는 주로 연구한 내용을 발표하고 토의 하고 정보를 교환하는 식으로 진행되죠. 모여진 정보는

매년 한글날을 기념해 자료집인 『한말글 사랑』으로 발간됩니다.12)

'한글 문화의 큰 빛 외솔 최현배 스승님 큰 뜻 만세'라는 시조가 있다. 첫 글자를 따서 시조를 지었다. 그에게 최현배 선생은 큰 스승님이었다. 시인의 나라 사랑·한글 사랑은 여기서부터 출발했다. 그는 일생을 나라·한글 사랑에 몸과 마음을 바쳤으며 그의 한글 정신은 생활에서 뿐만이 아니라 문학에서도 극명하게 나타났다.

한글은 유엔에서도 세계문화 유산인데
훈민정음 반포 기념일 사라지려 하다가
국경일
자리 잡으니 참 잘했다 큰 경사다

글자의 혁명에서 한글 전용 깨우치고
명사 대명사보다 이름씨 대이름씨
자동사
타동사보다 제움직씨 남움직씨

—「한글 문화의 큰 빛 외솔 최현배 스승님 큰 뜻 만세」 중에서

지금은 국어사랑을 몸소 실천한 수필가 인산 안태승이 '한말글 사랑 으뜸일꾼'을 맡고 있다. 최현배로부터 출발, 유동삼 시인을 거쳐 온 한글 사랑 정신이 이 고장에서 지금도 계속 이어져 내려오고 있다.

6) 시조 짓기 지도

그는 대전 충남 초·중·고학생 시조 백일장 주관(1978-85), 논산군 내 학생시조 지상 백일장 주관(1978-81) 등 도내 학생들의 시조 짓기 운동을 펼쳤다. 13) 대전중학교 재직 시에는 몸소 시조 짓기 교육을 실시해 「시조 짓기의 효과적인 방법」 지도 사례 논문까지 발표했다.

시조는 우리나라 고유한 문학으로서 국민들의 사상 감정을 담아서 1000년 동안 면면히 전해 오고 있는 민족의 자랑이요 고귀한 문화재의 하나이다. 이것을 계승하기 위해서 많이 읽고 외고 짓는 일은 대단히 뜻이 있고, 중요하다고 생각한다.

— 「시조 짓기의 효과적인 방법 주제 설정의 이유」 중에서

그는 시조를 짓는 것이야말로 조상의 빛난 얼을 되살리는 일이라고 생각했다. 첫째, 암송을 시켜 시조의 가락을 익히게 했고 둘째, 외우고 있는 시조의 일부분을 말 바꾸어 짓게 하고, 소절 채워 짓게 했으며, 작품 함께 고치기를 통해서 시조 지도를 했다. 외워 쓰기 결과는 효과가 있었다. 한글을 바르게 빨리 쓰는 공부가 이루어졌고 시조를 외우게 되어 학생들이 만족스럽게 여긴다는 것과 암기하는 훈련이 되어 다른 시험공부에도 많은 도움이 되었다는 것 등이다.

3. 시조세계

1) 국어·나라 사랑

소리나는 그 자리의 그 모양 본떠 첫소리를
하늘 땅 사람 모양으로 가운뎃소리 만들었다
다해야 스물 여덟 글자 그러나 못 적은 소리는 없을라!
도란도란 정다운 말 에헴에헴 기침소리
삐약 삐약 주룩주룩 병아리 소리 비오는 소리
모든 말 모든 소리를 고대로 다 적는다
사람마다 다 배워서 날로 씀에 편케하라!
시도 쓰고 얘기도 짓고, 짓고 쓰고 읽는 동안
글 나라 자랑스러운 나라 밝은 나라 이루라!

— 「훈민정음」 중에서

위 시조는 「훈민정음」 아홉째 수, 열넷째 수, 열다섯째 수이다. 글을 쓰게 된 동기, 누구든 배울 수 있다는 것, 한글이 만들어진 경위, 본떠 만들었다는 것, 모든 소리 다 쓸 수 있다는 것, 사람마다 배워 날로 쓰게 한다는 훈민정음의 정신이 이 15수에 모두 다 들어가 있다. 한글은 세상의 모든 소리를 다 담을 수 있는 세계 유일의 글자라는 것이다. 시조로도 관련된 모든 뜻을 이해할 수 있도록 연시조로 자세히 설명하고 있다.

만인이 우르르는 분 애국 지사 제 4묘역
찾아가 묵념을 할 제 144호 하늘로 솟는 빛
솔바람
따라 번지니 빛이 하늘 밝아라

세월이 쏜살같이 가신지 30년

3.23. 잊지 않고 현충원 찾아갔다
문하생
둘 다 말 없이 하늘 땅만 보았다.

—「한글 문화의 큰 빛 외솔 최현배 스승님 큰 뜻 만세」 중에서

첫 글자를 따서 지은, 언급한 최현배 선생의 숭모 시조인 30주년을 맞아 쓴 「한글 문화의 큰 빛 외솔 최현배 스승님 큰 뜻 만세」 19수 중 열여덟째 수, 열아홉째 수, '만, 세' 부분이다. 한글은 세계문화유산, 님이 이룬 업적, 이를 찬양, 회고하는 순서로 되어 있다. 식민지 찌꺼기를 밀어내고 순 우리말을 가꾸어가야 한다는 내용이다.

최현배는 시인에게는 큰 스승이다. 스승의 뜻을 이어 실천하는 시인의 한글 사랑이 경외스럽다. 「국어사랑」, 「한말글」 같은 시조를 비롯 나라사랑의 대명사인 「세종대왕」, 「충무공」의 시조도 있다. 이런 일련의 국어사랑·나라사랑, 시조 사랑은 그에게는 일관된 삶의 실천 철학이었다. "이쪽 저쪽 한통되면 한 쪽만 움직여도 / 아침저녁 종소리에 사대문 여닫는 양 / 남북이 돌쩌귀 되어 온 누리를 열어라"(「남북이 하나가 되어」) 등과 같은 통일의 그날을 간절히 기원한, 민족 통일을 염원한 시조도 있다.

2) 국토·향토 사랑

동해는 푸른 물로 설악은 하얀 돌로
저쪽은 직선으로 이쪽은 곡선으로
저 그림 너희들 둘이 한 폭에다 그렸구나!

—「동해와 설악」 첫째 수

한 곳에 이르러서 묻을 곳 땅을 파니
이게 웬일 금식기가 번쩍번쩍 눈부셔라
고운 맘 길이 번지게 착한 식구 복 준 산

— 「식장산」 넷째 수

「동해와 설악」에서 동해와 설악이 흰구름도 그려놓고 안개도 저녁놀도 번갈아 칠하고, 비바람도 뿌리고, 지웠다 또 그렸다는 것이다. 적셨다, 말렸다, 그렸다, 지웠다 몇 백 억년을 다듬어서 곱다는 것이다. 해 달도 밤낮을 가려 구경하고 있다는 것이다. 「식장산」에서는 전설을 토대로 한 시조로 착한 일을 하면 복을 준다는 교훈적인 내용 이야기로 되어 있다. 국토를 아끼고 향토를 사랑하는 마음이야 이 땅에 태어난 사람이라면 누구나 각별할 것이다. 그러나 이를 온 몸으로 실천하는 이는 그리 흔치 않다.

국토, 향토는 내가 낳아 내가 자란 땅이다. 땅의 고유한 이름에 대부분 구체적인 의미를 실어 '아, 그래서 이런 이름이 붙었구나' 라고 이해하고 사랑할 수 있도록 시조를 지었다. 그는 생활에서나 문학에서나 한글 사랑, 나라 사랑의 철학을 배면에 깔고 있다. 말보다 실천이 앞설 때 존경의 대상이 된다. 국토, 향토사랑은 나라사랑과 함께 그에게는 하나의 운명 같은 것이었다.

3) 봉사헌신 정신

길이로나 굵기로나
셋째밖에 안 되는데
저만 일을 더하여도

한 번도 내색없고

여러 일 제 힘껏 하며

쉴새 없이 바쁘다.

—「집게손가락」 첫째 수

그의 시조 소재들은 일상의 하찮은 것들이 대부분이다. 위 시조는 집게손가락을 소재로 했다. 그냥 지나칠 수 있는 것들이지만 시인은 이를 범사로 여기지 않았다. 사물을 의인화시켜 흥미있게 새로운 의미를 만들어냈다. 집게손가락이 봉사의 일등공신이란다. 집게손가락은 많은 일을 해도 일체 내색을 하지 않는다고 한다. 물과 공기가 없으면 인간은 죽을 수밖에 없고 집게손가락이 없으면 일상생활이 불편할 수밖에 없다. 당연하다고 생각하는 것도 고마워할 줄 알아야 한다는 것이다.

천안 중학교에서 내진여중으로 옮기던 무렵에 김붕한 시인이 나를 데리고 소정 선생을 찾았다. 『꽃시첩』을 주셨다. 그 시조집을 읽고 나도 지을 수 있는 글이구나! 멋있는 글이다. 장미 같은 글은 못 써도 찔레꽃 같은 글은 쓸 수 있겠다. 이런 글로 어린이들 가슴을 울릴 수 있다면 얼마나 보람스러운가! 글을 쓰는 것은 독자들에게 큰 봉사자가 되는 일이다.14)

그는 글을 쓰는 일을 봉사라고 생각했다. 진정한 사랑과 봉사정신이 없으면 이런 글은 의미가 없을 것이다. 그는 봉사하면서 사는 사람들의 모습을, 이웃 사랑을 말없이 실천하는 사람들의 모습을, 하찮은 것이라도 시조의 소재로 삼았다. 그가 써준 혼인, 개업, 정년퇴임, 위안, 격려 등의 축시들에서 이런 마음들이 잘 구현되어 있다.

동기간 한 몸같이 아끼며 보살피며
준 것은 잊더라도 받은 은혜 잊지 말고
서로가 도와 가면서 한결같이 지내라

하루 종일 놀더라도 논 표는 아니 나고
도막 시간 책 읽으면 공부한 표 금방 난다
하물며 매일 힘쓰면 뛰어나게 되는 법

남의 것은 짚 검불도 어려운 것이란다
폐 안되게 살아가기 쉬운 일 아니란다
신세를 지는 것보다 보태주며 살아라

나 하고 싶은 일은 암만해도 표 안 나고
남 위해 하는 일은 작은 것도 표가 난다
남들을 이롭게 하면 나도 빛이 나는 법

—「할머니 말씀」 전문

그의 대표작이다. 6차 교육과정 5학년 2학기 국어책에 실렸던 작품이다. 착한 마음으로, 부지런히, 그리고 남을 위해 봉사하며 살기를 바란다는 내용이다. 은혜는 잊지 말고, 신세는 지지 말고, 보태주며 살라하고, 남을 이롭게 하라는 할머니 말씀이다. 그의 시조 창작은 일상생활과 떼어 놓고는 생각할 수가 없다. 그의 문학은 실천이다.

4) 현대문명 비판· 고발

어느 동 몇 호인지 수첩에 적어놓고
잊으면 다시 보고 외더라도 조심하고
승강기 오르내릴 때 한 눈 팔지 못하고

딴 생각 하고 걷다 403동 15층을……
153 열으려다 열쇠가 말 안 들어
408 아님을 알자
아차! 하고 식은 땀

문도 벽도 유리창도 바닥 천장 다 똑같아
숫자만 따라가서 제 집을 다 찾고도
408-153을 다시 보고 초인종

— 「人아파트」 전문

아파트는 구조가 똑 같다. 잘 못 들어가면 집이 다 내 집 같다. 아파트에서 살고 있는 사람이라면 누구나 한번쯤 이런 경험을 했을 것이다. 현대인은 익명의 섬에서 살고 있다. 이웃집에 누가 어떻게 살고 있는지 알 수 없다. 인사도 없다. 몇 동, 몇 호 숫자와 부호가 집의 표시이다. 무심코 들어갔다가는 실수를 저지르기 십상이다. 도시 생활의 문명화가 빚은 현상이다. 이를 비판했다.

"농약만 안 쳐도 걱정하나 없겠어요
독한 물 안 마시면 죽지는 않을 텐데"
"논물이 아주 독하거든 삼바실로 오너라"

— 「개구리밥」 넷째 수

공해로 인한 환경오염을 고발하고 있다. 농약만 안 쳐도 걱정하나 없겠는데 독한 물 안 마시면 죽지는 않을 텐데. 농약으로 많은 동식물들이 죽어가고 있으니 공해가 없는 유토피아인 삼바실15)로 오라는 것이다. 도덕적 해이를 고발한 시조 「거미」가 있다. 꽃 찾아 헤매는 나비들이 죄 없이 걸려들면 사정없이 바순다는 이야기이다. 피도 눈물도 없는 인간 사회를 빗댄 말이다. 시인은 양심이 없으면 차라리 홀가분하다는 말까지 하고 있다. 무너져 가는 문명사회의 도덕에 일침을 가하고 있다.

5) 풀꽃·새·자연물 사랑

그의 시조를 읽노라면 병아리, 씨암탉 등 동물에서부터 찌르레기, 나비, 벌 등의 곤충들은 물론 양지꽃, 지칭개, 돌나물, 망초, 며느리배꼽, 강아지풀, 질경이, 엉겅퀴, 조팝나무, 작살나무에 이르기까지 새, 산, 물, 바위, 구름, 돌 같은 자연물 등 수 많은 풀꽃과 나무들, 자연물들을 만난다. 그의 시는 동물원이요 식물원이라 해도 과언이 아니다. 자연에 대한 애정 아니면 쓸 수 없는 것들이다.

노랑꽃 하도 고와
꺾어다 꽂았더니
눈은 예쁘다고
자꾸 바라보는데
코에선
간장 썩는 내
맛 탈이 나 싫단다

— 「마타리」 전문

그는 국어사랑에 연계된 것이라면 무엇이든 도와주고 알려주려고 했다. 꽃씨를 나누어주는 것도 그에겐 한말글 사랑 실천의 주 업무였다. 마타리는 황순원의 「소나기」에 나오는 꽃 이름이다. 이 꽃은 매우 흔하고 어디에나 있는 꽃이나 사람들은 이 꽃 이름을 잘 모른다. 그래서 국어선생님을 중심으로 꽃씨를 나누어주며 꽃 알리기를 자청했다.

제가 처음 꽃씨를 나눠주게 된 계기가 있습니다. 중학교 교과서 황순원의 소나기를 보면, 마타리라는 식물이 나와요. 웬만한 길가에는 다 있는 식물인데 한약재료로 쓰이는 마타리는 말릴 때 간장 썩는 냄새가 나 패장이라고도 합니다. 냄새가 워낙 고약하니 입맛에 탈이 나지 않겠어요? 그래서 마타리라고 하는데, 학교에서는 단순히 들꽃의 일종이라고 배우거든요. 그래서 그 때부터 학교의 국어선생님을 중심으로 마타리의 꽃씨를 나눠주었습니다. 책에서 배운 건 직접 확인해 줘야 한다는 생각이었다.16)

교과서에서 나오는 꽃이름을 모르고 가르칠 수 없다는 신념이 그에겐 있었던 것 같다. 그렇게 시작한 꽃씨 나누어주기는 과꽃으로 구절초, 산국, 무궁화 등으로 이어져 이를 손수 실천에 옮겼다. 그에게는 이론과 실천이 하나였으며 생활 그 자체였다.

봄날 몇 천이 한 군데로 소풍 갈 제
종일 한 줄로만 긴 행진 벌이어도
호루룩 하나 둘 셋 넷이 아예 필요치 않다

— 「개미」 둘째 수

봄날 어린이들이 한 줄로 소풍가는 모습을 그렸다. 옛날에 소풍 갈 때 한두 줄로 긴 행진을 벌이며 갔다. 대오 이탈을 막기 위해 선생님은 호루라기를 준비해 통제했다. 개미는 호루라기 통제가 필요 없다는 것이다. 질서를 지키지 못하는 인간의 도덕적 해이를 비판했다. 개미는 성실의 대명사이다. 여기에 또 하나의 대명사인질서를 만들어냈다. 이렇게 보잘 것 없는 미물에 생명감을 불어 넣어 동식물의 특징을 포착, 또 다른 새로운 의미를 창조했다. 시인의 안목이 놀랍다.

시인이 어릴 때의 일이다. 7살 때였던가 확실하지는 않지만 어머니와 함께 외가에 간 적이 있었다. 화강암이 삭아서 모래로 된 능선을 걸으면 미끄러지기 쉬운 산길이다. 아주 위험한 데를 잘 걸었다. "큰 삽으로 이 산을 한 번에 뚝 떠서 바다에 던지면 좋을 텐데…"17) 시인은 어머니에게 이런 말을 했다고 한다. 그의 타고난 시재를 엿볼 수 있는 일화이다.

맑은 물 흘러가며 바위보고 말하기를
"이야기도 콧노래도 통하지 않으려거든
우리랑 같이 갈 생각 아예 말고 서 있어!"

"검은 듯 하얀 듯 둥근 몸 기다란 몸
산에서 굴러 내려 바닥에 박혔어도
엄마 품 잊을 수 없어 산만 보고 있겠지?"

—「물이랑 바위랑」 중에서

「물이랑 바위랑」 둘째, 다섯째수이다. 물이 흘러가면서 바위와 얘기를 주고받고 있다. 물이 바위에게 말을 걸었다. 이야기도 콧노래도 하지 않으려거든 거기 서 있으라고 말했다. 바위는 대답했다. 그렇게 촐랑거리며 어디까지 갈 것이냐고 재차 물었다. 강, 바다까지 가면 이 골 모두 다 잊겠지? 또 밤낮 없이 가는 물아 더러는 흐린 데가 있어야 고기라도 살지 않겠니? 물이 말한다. 산에서 굴러 떨어져 바닥에 박혔어도 엄마 품을 잊을 수 없어 산만 바라보고 있겠지? 그렇게 바위가 대꾸했다. 대화체로 이야기를 엮은 동화 같은 시조이다. 사람은 좀 어리숙한 데가 있어야하고 엄마 품을 잊어서는 안 된다는 취지의 의미이다. 겉으로는 재미를 더하면서 속에다는 교훈을 감춰두었다. 글의 기능은 재미와 교훈이다. 그의 글은 이 두 가지 기능을 충실하게 충족시켜 주고 있는 것이다.

6) 장형 시조 시도

쫓기다 붙잡히어 산멱 물어뜯기는 외마디 소리,
온 몸에 메아리져 허기도 눈물도 눈치마저 다 잊은 밤,
새끼범 묻힌 꼴짜기 한겨울에도 사는 풀.
먼 숲 속 바람결에 수폄 한 마리 우는 소리,
죽은 놈 그리는지, 소가지 부리는지, 배고픈지, 배부른지, 제 짝을 찾는 건지,
눈 밑에 누려 있어도 쫑긋쫑긋 다 안다.
송곳니 내 놓다가 빈 입맛 다시다가,
앞발로 땅바닥을 득득 긁을 제면, 소름이 끼치고 오금도 못 펴고 가위 눌려 소리 한마디 못 지르는데,

찬 눈 속 얼지도 않고 밤과 낮을 듣는다.

—「범의 귀」

시조는 3장 6구 12소절이 본령이다. 이 본령에 조선 후기의 장시조, 1920년대의 연시조 등이 가세해 지금에 이르렀다. 장시조는 중장이 길고 연시조는 2,3 수가 일반적이다. 양장시조, 단장시조, 옴니버스 시조 등도 있었으나 시조 형식에서 벗어난 것들이어서 시조라고 할 수는 없다. 시인은 연시조이되 각 수에 중장이 벗어나있다. 연시조는 '단시조+단시조+…'의 형태인데 이 연시조는 '장시조+장시조+…'의 형태이다.「범의 귀」와「시계」가 이런 형식이다. 이런 형식으로의 시도는 7,80년대에 몇몇 시조시인들이 시도하고 있었다. 편수는 많지 않으나 본령이었던 그의 시조에 이런 장형으로의 시도는 특이하다. 식물「범의 귀」는 동물 범의 특징을 살려 형상화시킨 옴니버스 같은 시조이다. 옴니버스 시조는 한 편의 연작시조 속에 단·중·장·양장 시조 등 다양한 시조 형식을 아우르는 혼작 시조 형태이다. 엄밀한 의미에서 시조라고 볼 수 없다. '중시조+중시조+ …'로 일종의 옴니버스형이기는 하나 중시조의 연작으로 그 이상의 혼작은 시도하지않았다. 그의 시조「시계」도 같은 형태로 두 중시조의 연작이다. 외에「풀들」을 비롯한 몇 편의 장시조가 있다.

4. 나오며

유동삼(庾東三, 1925-2021)은 그의 삶 자체가 한글사랑이었고 시조 사랑이었다. 그의 운명을 바꾼 것은 최현배 선생님과의 만남이었다. 이후 국어사랑 실천운동에 들어갔다. 초·중·고 국어교과서의 잘 못된 곳 잡아주기, 우리말 일상생활에서의 실천, 한말글 사랑 한밭모임 주도, 시조짓기 지도 등으로 요약할 수 있다. 문학에서는 국어·나라 사랑, 국토·향토사랑, 현대문명 비판 고발, 풀꽃·새·자연물 사랑, 장형시조로의 시도 등을 들 수 있다. 그에게 중요한 것은 교육자로서 시조 작가로서의 일관된 신념이었다.

대전시 신설 교명 제정, 대전시 지명 제정에 위원으로 참여했으며, 한문교육의 지도 방향을 비롯한 여러 편의 교육 논문을 발표했다. 한글 순화와 시조 짓기 운동을 벌였으며 국어순화자료『한말글 사랑』을 공동 발간하기도 했다. 일련의 모든 일들의 기저에는 나라·향토 사랑이라는 일관된 철학이 있었다. 말년에 사회복지법인 한마음 회장을 역임하기도 했다.

『유동삼시조집』(1967) 외에 5권의 시조집,『우리말 우리글』(2005) 등 다수의 저서가 있다. 학생시조 백일장, 글짓기 대회, 시조교실 등을 열었으며 대전 보운초등학교 등의 여러 학교의 교가를 지었고 학생시조집도 4회나 발행했다. 대전 중앙초등학교 교정에「섬잣나무」, 기성 초등학교 교정에「벌터」, 고향 마을 증촌에「왕바위」시조비가 있다. 그의 삶은 나라사랑이었으며 그의 문학은 시조였다. 이 두 축을 통해 일생을 산, 이론을 실천에 옮긴 이 시대의 참 스승, 참 시조시인이었다.

〈참고문헌〉

유동삼,『바른말 바른 글』, 1965.

______, 『글짓기 지도 자료』, 1975.
______, 『국어순화 지도 자료』, 1975.
______, 『글짓기 지도의 실제』, 1978.
______, 『인사의 지도방법』, 1979.
______, 『중학교 한문과 운영 개선』, 1979.
______, 『유동삼시조집』, 회상사, 1967.
______, 『꽃마을』,금강출판사, 1970.
______, 『새꽃밭』, 호서문화사, 1981.
______, 『집게손가락』, 호서출판사, 1990.
______, 『물이랑 바위랑』, 대교출판사, 1996.
______, 『소쩍새』, 예일기획, 2002.
조근호 편저, 『유동삼의 시조와 삶』, 오늘의 문학사, 2003,
유동삼, 『우리말 우리글 사랑』, 예일, 2005.
신웅순, 『현대문학편-시조문학』, 『충청남도지』, 2017.
조항범, 『부여지방의 지명』.
류숙현, 『'한말' 과 '한글' 을 사랑하는 모임』, 1997. 10. 16.
이규식, 『열정과 신념의 시조사랑·한글사랑-유동삼선생을 찾아서』, 『대전문학』 제23호.

〈후주〉

1) 시조의 정체성 회복을 위해 2006년에 창간한 시조 잡지로 발행인은 신웅순이며 1호에서 9호까지 발행했다.
2) 2013년 창간한 시조동인지이다. 동인으로 백승수, 신웅순을 비롯 김성숙, 장중식, 조경순, 권기택, 정연복, 김영남, 강임구, 송영자, 김응순 등이다. 2020년에 8호를 발행했다.

3) 2018년에 창간한 시조 동인지이다. 동인으로 박헌오를 비롯 김관형, 문경훈, 주영자, 홍비표, 황인만, 한진호, 채동선, 최현주 등이다. 2020년 3집을 발간했다.

4) 동인은 황희영, 남준우, 유동삼, 이용호, 김해성, 임헌도, 이교탁, 채희석, 이복숙 등이다.

5) 조근호 편저, 『유동삼의 시조와 삶』, 오늘의 문학사, 2003, 102쪽 재인용.

6) 유동삼, 『우리말 우리글 사랑』, 예일, 2005, 9쪽.

7) 위의 책, 9쪽.

8) 위의 책, 21쪽.

9) 위의 책, 74쪽.

10) 위의 책, 93~94쪽

11) 위의 책, 197~206쪽.

12) 조근호 편저, 『유동삼의 시조와 삶』, 오늘의 문학사, 2003, 124~125쪽 재인용.

13) 신웅순, 「현대문학편-시조문학」, 『충청남도지』, 2017.

14) 조근호 편저, 앞의 책, 102쪽.

15) 삼바실은 '마전곡(麻田谷)', 마전리를 뜻한다. '바'는 밭에서 'ㅌ'이 탈각되었고 '실'은 '골'과 같은 의미를 띤 단어로 마을 명칭으로 바뀌었다. 조항범, 「부여지방의 지명」 참조.

16) 류숙현, 「'한말'과 '한글'을 사랑하는 모임」, 1997. 10. 16. 조근호 편저, 『한밭저널』, 126쪽 재인용.

17)이규식, 『열정과 신념의 시조사랑·한글사랑-유동삼선생을 찾아서』, 『대전문학』 제23호. 조근호 편저, 앞의 책, 97쪽 재인용.

-「1960년대 대전문학(하)」대전문학관 연구총서 4

『새 꽃밭』을 읽고

유준호 평설

글이 곧 사람이란 말은 동서고금에 변하지 않는 명언으로 쓰여지고 있다.

이 말은 사람을 보면 그 사람의 글을 알 수 있다는 말도 된다.

시조시인 유동삼은 시조와 삶을 가장 잘 접근시켜 표현하고, 인생에 시조를 밀착시킨 분이라고 본다. '특히 님을 한 번쯤 만나본 사람이라면 이 분이 얼마나' 인생과 시를 둘 아닌 하나로 잘 접목시켜 나가고 있는가 하는 것을 설감하게 될 것이다. 바쁘지 않은 행동—이는 공자의 도를 배운 듯하고, 의젓한 가운데 굳은 땅을 비집는 풀싹인 양 은은한 童心의 세계, 어린아이를 보는 느낌이다. 문학인은 언제나 어린이라는 말이 있다. 티가 섞여서는 좋은 글이 나올 수 없다는 持論이다.

유동삼 님의 시적 狀況論理를 보면 특히 동시적 요소가 많다. 즉 님의 시조의 생성요인이 된 경험적 사상들이 순수하고 티가 묻지 않았다는 말이다.

끝까지 작품은 널리 읽혀야 작품이라는 서민적 논리를 설정하고 쉽게 읽혀지는 시조를 쓰고자 노력하였다.

쉽게 읽혀진다는 말과 문학성과는 별개의 문제이다. 흔히 쉽다고 하면 安易하게 처리된 작품을 연상하게 된다. 그러나, 쉽게 읽혀지도록 작품을 구상하기란 쉬운 것이 아니다. 학문이 많은 대학 교수가 초등학교 1학년 갓 입학한 학생에게 "돌"이란 개념을 어떻게 교수하느냐 하는 고민과도 같은 것이 쉽게 읽혀지는 작가의 고민이다. "쉽다"는 개념 속에 "재미있다"는 뜻이 포함되어야 하기 때문이다.

또 하나 님의 시조의 특징은 "나라 사랑의 길"이다. 이를 산문으로 쓰기는 쉬우나 운문인 시조로 엮어 표현하기란 그리 쉬운 시적 소재가 아니다. 사상을 주시하면 문학성이 줄고, 문학성을 강조하면 사상이 죽어버리는 二律背反의 논리가 있기 때문이다. 그런데 님은 이를 잘 조화시키고 있다.

이번에 펴낸 시조집『새 꽃밭』을 보면 그것을 알 수 있다. "새 꽃밭"은 님의 세 번째 시조집이다. 10여 년 만에 낸 이 시조집에서 작자는 "스스로 작품 하나 하나를 마음을 여물리는 기쁨" "마음을 가다듬는 계기"로 삼아 지었다고 하였다.

이 시조집은 1부 "범의 귀" 2부 "소쩍새" 3부 "개미" 이렇게 3부로 나눠 싣고 있는데 1부에서는 우리가 흔히 볼 수 있는 "꽃"을 선택하여 엮었다. 아마 이는 평범 속의 비범을 발견하는 기쁨으로 쓴 것 같다.

활짝 핀 개나리는
금빛 웃음
은빛 웃음

한 구석 피었어도
온 집안
빛내 주고

<

우리들 겨울 마음에
봄 마음을 안긴다.

—「꽃나무들」1수

님은 개나리에게 사람과 같은 정을 부여하고 있다. "금빛웃음"이 햇살을 받는 개나리꽃의 모습이라면 "은빛 웃음"을 달빛을 받아 밤을 밝히는 개나리꽃이 아닐는지?

이렇게 님은 무심히 넘길 수 있는 개나리꽃을 통하여 화애롭고 밝은 집안의 모습을 연상하고 있다. 이는 필자가 앞에서 지적했듯이 순수한 님의 경험이 流露되어 나온 것이라 믿는다.

다음 「고춧모」를 보자.

"태양을 이기려고/ 누웠다가/ 일어났다/ 어린 잎 줄기에도/ 매운 힘/ 들었는가/ 매운 힘 열매에 모아/ 개구리를 이겨라/"

—「고춧모」 둘째 수

아직까지 과학적 사실로 태양을 이기는 것은 없다. 그러나 작자는 「고춧모」에서 고추의 屬性을 통한 숨은 의지를 표현하고 있다. 쉽지 않은 발견을 얻은 셈이다. 이는 님의 "純粹 속의 生命意志"를 直觀力으로 예리하게 보여 주는 일면이다. 위의 두 편은 생활과 자연을 외래의 雜音이 없이 현대에 맞는 기법으로 표현한 약간 浪漫性이 깃들인 作品들이다. 이런 계열의 作品群이 제1부를 차지하고 있다.

다음 제2부에서는 전편에 "나라 사랑" "겨레 사랑"이 그 脈을 이루고 있다.

그러므로 歷史性이 行間에 묻혀 있고 그 行間으 歷史性을 時事性 있게 다루고 있다. 제1부의 세계가 밝고 맑은 세계라면 이 제2부는 약간 灰色이 깃든 세계이다. 이번 이 시조집을 산문에 비한다면 그 중심 패턴이 들어 있는 곳이 바로 제2부다. 아마 님 特有의 삶의 歷程을 大辯하여 주는 곳이 될 것이다. 이 시조집에서 "세종대왕" "훈민정음"을 쓰기 위하여 많은 苦心을 한 흔적이 보인다.

"훈민정음"은 충남문학 11집에서 만나 본 작품이거니와 세종대왕은 어떨까 하고 기대하였다. 과연 노력이 집중된 것이었다. 15수의 장시조로 多樣性과 저력을 보여 준 작품이었다. 세종의 업적을 역사의식으로 스스로의 情感에 移入하여 토박성 있는 언어로 썼다.

이 세종대왕에서 필자는 님이 얼마나 苦心하여 우리말과 이들을 제자리에 알맞게 맞춰 作品을 빚어냈다는 것을 알 수 있다.

다음 제3부는 그 素材 자체가 童心의 세계다.「호수」를 "산 그림 하늘 그림을 그리는 큰 사진"이라 한 점이나,「개미」에서 "몇 천이 한군데로 소풍 갈 제, 만날 등짐"하고라도 "입은 말을 하고 싶다"고 한 점은 님이 耳順을 바라보는 나이임을 느끼지 못하게 한다. 특히 이 3부에서의 사설시조는 우리 민족 전래의 우화성 같은 것을 표현하여 하나의 교훈을 주고 있다.

필자가 님의『새 꽃밭』이란 시조집에서 느낀 바로는,

첫째 나라 사랑 정신을 시조의 저변 사상으로 하고 있다.
둘째 독자에게 부담을 주지 않는 시를 쓰고 있다.

셋째 동심과 우화적 세계가 있다.

넷째 무기교를 技巧로 하고 있다.

아마 이 분의 이러한 독특한 세계는 쉽게 변할 수 없는 성이 되어 이 분의 문학의 길을 지켜 주리라 믿는다.

특히 님의 "무기교의 기교"는 문학의 論을 생각하게 하는 님이 개척한 세계가 될 것이라고 감히 믿는다.

—2003 『유동삼의 시조와 삶』

개성이 뚜렷한 자기 세계 구축, - 유동삼 시인의 작품 세계

— 이도현 평설

유동삼 님이 1970년대에 낸 『꽃마을』에 이어 10여 년 만에 세 번째 시조집 『새꽃밭』을 펴낸다.

이 시인의 작품은 오늘날 시가 지닌 속성을 아주 벗어버리고, 개성이 뚜렷한 자기 세계를 구축해 가고 있다는 점에서 주목하지 않을 수 없다.

우선 책이름 『새 꽃밭』에서 암시하는 바와 같이 사랑, 귀여움, 순수, 호기심에의 시정신이 작품이다. 신층 깊이 깔려 있어 귓가에 속삭여 주는 향수처럼 우리를 반겨 주고 있다.

요즈음의 시는 독자가 없다고 한다. 그만큼 오늘의 시는 독자들에게 호소력을 잃고 말았다. 독자들을 의식한 시가 아니더라도 시는 그 갈 길을 외롭게 가고 있는 현실인데, 이 분의 작품은 한결같이 재미있고 재치있는 우화적 친근감을 불러일으킨다.

> 밥풀꽃 웃음은 든든한 엄마 웃음,
> 야윈 가지마다 점심밥 걱정되어,
> 팥찰밥 맛보아 가며
> 알뜰히도 거두네.
>
> —「꽃나무들」 끝수

꽃과 나무와 풀들을 제목으로 한 것이 이 분의 작품 가운데 상당수가 있는 것도 남다른 점이라고 본다. 사람들의 삶을 꽃들이 장식해 주는 고마움에서 자연을 아끼자는 외침인 것 같다.

봄날 몇 천이 한 군데로 소풍갈 제,
종일 한 줄로만 긴 행진 벌이어도,
호루룩 하나 둘 셋 넷이
아예 필요치 않다.

—「개미」(가)

도덕이 문란해지고 질서를 못 지키는 인간 사회를 적나라하게 풍자한 것이리라.

어릴 제 개천 물에 헤엄치며 자란 몸이,
날개 돋혔다고 귀한 방 나들더니,
누구를 빨아 먹었나
무거워서 못 나네.

—「모기」 첫수

아이러니와 역설로 의인화된 이 작품은 오늘의 흐려진 세태를 예리하게 파헤치고 있다.

관념적 사고를 배제하고 서사적 구성에 동사적 기법을 반죽하여 재미있는 시, 읽혀지고 있는 시의 패턴을 새롭게 모색하고 있다.

또한 자연을 사랑하고 자연에 파고들어 그 속에 깔린 어떤 영원성을 추구 내지는 체험하고 있다.

넓은 바다 한가운데 은모래성 꾸미다가,
맑은 바람 센 물결에 푸른 노래 실으면서,
갈매기 메아리 속에
고운 웃음 심는다.

—「은모래성 금그네에」

넓은 바다, 은모래, 맑은 바람의 시어가 주는 이미지와 같이, 물질에 얽매이지 않고, 시샘 없이, 바램 없이, 순수 그대로 깔려 있는 영원성을 노래하고, 거기에 자신을 투영한다.

자연에의 영원한 향수는 비단 이 작품뿐 아니라, 시집 전체를 통하여 흐르고 있음을 본다.

모래, 풀돌, 개미, 파리, 고춧모, 모기, 자귀나무꽃, 족제비싸리 등 흔히 우리가 소외하기 쉬운 보잘것없는(?) 것에서 이 분은 어떤 생명감을 그리고, 거기에서 영원성을 추구하고 있다. 사물을 날카롭게 관찰하고 그것의 특징을 포착하여 형상화하는 이 분의 안목은 실로 놀라운 바가 있다.

그리고 이 분은 우리말과 글의 순화에 공이 많은 분으로서, 한글 운동에 앞장서고 있으며, 그 작품에서도 예외없이 집요한 국어 사랑이 나타나고 있다.

1965년 발간된 청자 동인지 제2집에서「윷」을 보자.

도 볶아 넉 동무니 서둔다고 이기는가!
안찌까지 다 온 놈도 잡히고 마는 것을……
뒷도로 찌도로 가도
더딘 듯이 빠른데!

이 분은 시조 창작을 우리말 아끼는 작업으로서 해 오고 있는 것 같다. 도, 윷, 안찌, 뒷도, 찌도와 같은 토박이 말을 실에 꿰어 보배로 간직하고자 하는 자세를 엿볼 수 있다. 결코 서두르지 않는 그의 인생관을 윷 말 쓰는 데 비유하고 있다.

> 도란도란 정다운 말 에헴에헴 기침 소리,
> 삐약삐약 주룩주룩 병아리 소리 비 오는 소리,
> 모든 말 모든 소리를
> 고대로 다 적는다.
>
> —「훈민정음」 14째 수

철저한 국어 사랑 정신이다. 나라 사랑의 길에는 여러 가지가 있겠으나, 이 분처럼 국어를 통하여, 한글을 통하여 애국하고 있는 분도 드물다.

훈민정음에선 글자 만든 동기와 원리를, 그리고 벅찬 미래상을 장형(長形)을 통하여 표현하고 있으며, 세종대왕에선 어리석은 백성을 보는 간절한 눈, 곡진(曲盡)한 愛民(恤民)의 정을, 그리고 재위 기간에 쌓은 업적들을 낱낱이 표현하고 있으니, 대왕을 섬기는 그 지극한 정성이며, 나라 글을 아끼고 사랑하는 정신을 우러러보지 않을 수 없다.

시가 삶의 표현이라면 역사는 개인과 국가의 승화된 삶의 기록이라고 볼 때, 이 시인의 작품 속에 강물처럼 흐르고 있는, 쉬지 않는 역사 의식이 함께하고 있음을 본다.

이토록 한글을 아끼고 사랑하는 이 분의 충정(忠情)은 다음 작품에서 더욱 밀도를 진하게 한다.

한 백이 두 백 되고 다섯 백 열 백 되어,
한밤도 한낮처럼 안개 낀 구석마저,
바른 길 엇갈리지 않게
길목마다 밝혀라.

—「등불 백을 켠 밝음이」

한편 이 분은 서사적 연시조를 시도하여 더욱 새로운 현대적 장형(長形)으로 접근해 가고 있다. 훈민정음, 세종대왕, 은진미륵, 등불 백을 켠 밝음 등이 그러하다. 특히 은진미륵은 설화처럼 흥미있게 구성되어 있고, 서사적 현대시조를 시도하고 있음을 주목하지 않을 수 없다.

또한 사설시조인 풀돌, 개미와 쉬파리, 시계, 기차안 독서실, 자귀나무꽃 등에서 사물을 바라보는 끝없는 응시력과 이를 현실에 대응시켜 풍자하는 날카로운 감각은 참으로 뛰어나다 하겠다.

바닷가 바위 언덕 바람기로 갈라내어,

큰 놈 작은 놈 짠물에 마구 절여,
온 바다 흰 거품 맑은 물만 걷어다가,
무 씻듯 보리쌀 닦듯 씻고 닦고 닦고 씻고,
다시 불궈 미운 데 고운 데 가리지 않고,
좌르르르 헹궈내고 문지르고 갈아내고,
긁어내고 깎아내고 여린 놈 다 뭉개고,
굳은 놈만 남겨 놓고, 이마끼리 무릎끼리
가슴끼리 어깨끼리 옆구리끼리 허벅지끼리,

낮이나 밤이나 여름 겨울 할 것 없이,
하루에 일만 칠천 삼백 번씩
골백억 넌 예쁜 살결,

말 없는 돌이기망정 귀 하나 입 하나
달렸던들 뜬소문 깨나 날 뻔.

—「풀돌」

조선 중기 이후 산문학이 대두됨과 동시에 발생한 사설시조는 작금 몇몇 작가에 의해 그 속성(屬性)을 지양하고 현대시로 승화시키려는 노력이 계속되고 있는 것은 실로 다행한 일이라 아니할 수 없다.

이상에서 본 바와 같이 유동삼 시인은 한 마디로 재미있게 이야기처럼 읽혀지는 친근한 시를 쓰고 있다는 점이 특징이라 하겠다. 대수롭지도 않은(?) 자연 현상을 뚫어지게 응시하며 자연스럽게 대화하고 교감(交感)한다. 한결같이 동식물을 의인화하여 독자로 하여금 빠져들게 하고, 관념적인 것을 초월하여 이야기함으로써 더욱 흥미를 자아낸다. 한글에 대한 그의 애착은 시집 전체를 통하여 도도히 흐르고 있어 나라 사랑의 한 귀감이 되기도 한다. 서사적 장형에의 시도는 시조를 현대시로 승화시키려는 노력의 한 단면으로 보아야 할 것이다.

끝으로 이 분의 작품은 어떤 정감(情感)을 다루고 있는 그런 유사시와는 전연 다르다. 고집스럽게 토박이 말을 구사하여 자기 특유의 수법으로 현상을 파헤치며, 숨쉬는 공간을 이야기하듯 열어가고 있다. 우리 고유의 정통(正統)을 찾고, 아끼며, 노래하는 이 시인의 작품은 분명 또 하나의 밝은 빛이 되리라 믿는다.

— 시조집『새 꽃밭』(1981) 해설

— 2003『유동삼의 시조와 삶』재수록

소박한 사랑의 꽃다발,
- 유동삼 시조 선집 『소쩍새』를 보고

— 장사봉 평설

원로 시조인 유동삼 형이 시조 선집 『소쩍새』를 펴냈다. 50년 가까운 창작 생활에 한 매듭을 짓는 심정이었을까.

유 시인과 나는 젊은 시절, 함께 가람 선생의 훈도(薰陶)를 받았다. 일일이 손을 잡아 이끌어 주지 않더라도, 큰 스승에게서는 가까이서 기침 소리를 듣는 것만으로도 깨우침을 얻는 법이라는데, 그 때의 우리 동배들 중에서 뒷날 시조인이라는 이름을 가진 이는 겨우 셋, 우리 둘 외에 시조집 『영마루』를 낸 김이홍씨가 있을 뿐이었다. 해방 후의 혼란에서 한국 동란의 참화로 이어지는 그 시절의 아픔이 시문학으로 마음 돌릴 여유를 앗아갔을지도 모른다.

유형은 나보다 세 살 위인 25년생, 산수(傘壽)가 다 되도록 꾸준히 시조를 짓고 그것들을 간추려 선집을 내는 노익장이 나를 이리 즐겁게 한다.

유동삼 시인은 사랑으로 뭉쳐진 사랑의 덩어리, 아니 사랑 그 자체이다. 그는 사람을 사랑하고 자연을 사랑하고 나라를 사랑한다. 그 사랑의 구슬들을 꿰어 낸 것이 유동삼의 시다. 그는 평생 동안 꾸준히 시조를 써 왔지만 사실 그의 시는 문학적 예술성보다도 온후한 인간성이 우선한다. 그의 약력에서 장애인을 돕는 기관을 운영하고 있다는 것을 보고 과연 유동삼이구나 했다.

가족을 사랑하는 것은 인간의 상정이요, 교육자로 정년을 지냈으니 가족과 제자를 사랑한 것은 당연한 일로 치고라도, 그의 애정은 주위의 모든 사람에게 두루 미치다 못해 초면부지의 길동무에게도 넌지시 스며든다.

나란히 앉은 손님/ 한 번 보고 두 번 보고
마음도 말씨도/ 얼굴처럼 고울라나
말 걸어 보고 싶어도/ 말이 아니 나왔네.

—「직행 버스 안에서」 제1연

그는 우리의 것이라면 무엇이나 사랑한다. 우리 나라를 사랑하고 우리 거레를 사랑하고 우리 국토를 사랑하고 우리 문화를 사랑한다. 특히 우리 말글을 끔찍이 사랑하여 국어 바로 쓰기 운동에 성력을 다한다. 그가 전문가 뺨칠 정도로 우리 식물 이름에 밝은 것도 국어 사랑의 한 단면이다. "이름 모를 들꽃이 피어 있다"는 말을 예사로 하는 우리 문단에서 유동삼 시인은 우리말의 산 큰사전이다. 다음에 보이는 「소루쟁이」는 그 작은 예의 하나다. 그가 문학의 여러 장르 중에서 굳이 시조를 선택한 것도 이것이 우리의 전통적 고유 문학 양식이기 때문이었으리라.

일찍 고스라져 일찍부터 서두는 풀
보리 베는 철 지나면 눈에 띠지 않는다
진 씨가 다시 잎 나서 첫겨울을 견딘다.

—「여름 풀 셋」 중의 '3. 소루쟁이'

특히 은사에게 대한 작품들이 눈에 띠는 것도 사랑의 한 표현이다. 노환으로 누우신 가람 이병기 선생의 쾌유를 빈 '기도', 외솔 최현배 선생을 추모한 것으로 보이는 '외솔' 등이 그것이다. 그의 사랑은 국토와 자연을 찬미한 작품에도 많이 나타난다.

하늘도 흰구름을 곱게 곱게 그려 넣고
안개도 저녁놀도 번갈아 칠하다가
비바람 마구 뿌리어 다 지웠다 또 그리고,

—「동해와 설악」 제2연

유동삼 시인의 시선집 『소쩍새』는 한 아름의 커다란 사랑의 꽃다발이다. 그것은 꽃동산의 호화 현란한 장미나 모란이 아니라, 밭두둑이나 산기슭에 호젓이 핀 호박꽃 같은, 도라지꽃 같은 소박하고 허물없는 꽃의 다발이다.

— 2003 『유동삼의 시조와 삶』

평이(平易)에 사상을 담은 운율미의 진수,
-유동삼 제4시조집 『집게손가락』

— 조근호 평설

유동삼 사백의 제4시조집 『집게손가락』은 『유동삼 시조집』 『꽃마을』 『새 꽃밭』에 이어 10년 만에 45년 간이라는 실로 장구한 세월을 머물렀던 교직으로부터의 정년을 기념하기 위하여 의미를 두고 펴낸 시조집이다.

서평을 하기에 앞서 그 긴 세월 동안 많은 후학들을 길러내시는 데에 온 젊음과 인생을 다 바치신 교단노정에 진실로 경하의 말씀을 먼저 올리고자 한다.

수양산 그늘이 칠십리를 간다는 말이 있다. 그동안 길러내신 많은 인재들이 나라 곳곳에서 유동삼 교장 선생님의 중후한 인품으로부터 물려받은 학식과 덕망을 성실하게 실천하고 있으리라고 믿는 바 이것은 비단 평자만의 생각은 아닐 것이라고 여긴다.

제4시조집 『집게손가락』은 4부로 나뉘었으며 모두 168수나 되는 많은 양의 작품이 수록되어 있다.

장학사로서, 중학교 교장으로서 바쁜 일과 가운데에서도 시작에 몰두하여 좋은 작품을 다작하시는 노시인의 정열에 부러움마저 느끼는 바다.

육당 최남선은 〈조선문단〉 제16호(1926. 5)에 '조선 국민문학으로서의 시조'라는 제하에 '남으로 우리를 알려할 때에 그 가장 요긴한 재료일 것도 물론이지마는 우리를 관조하고 미험하는 것으로도 시조는 아직까지 유일 최고의 준적(準的)인 것이다.'라고 말하였다.

물론 시대적인 차이가 있긴 하지만 우리의 문학과 우리의 민족 사상을 알고자 하는 데에는 예나 지금이나 시조가 그 기준이 된다는 데에는 이견이 없을 듯싶다.

유동삼 사백은 줄곧 시조만을 고집스레 써 오신 분이라는 것은 자타가 공인하는 사실이며, 또 유동삼 사백의 작품은 우선 쉽게 읽혀진다는 데에 매력이 있다.

여기에서 쉽다는 것은 사상성이 결핍되어 있다는 이야기가 아니라 독자와의 거리를 좁히기 위하여 난해성을 배제하였다는 이야기다.

시의 세계가 자아의 세계와 일체감을 구현하고 있다는 사실이 의미의 분별화 속에 고립되고 소외되어 살아가고 있는 현대인들에게 얼마나 위안이 되는지 모른다.

시는 단순한 미적 대상이 아니라 시인 자신의 인생관과 세계관의 개인적 표현이라는 점에서 작품을 통하여 시인의 인품 내지는 인간성까지 유추할 수 있는 바, 다음 작품을 읽어 보면 유동삼 사백의 인품을 짐작할 수 있으리라고 본다.

길이로나 굵기로나 셋째밖에 안 되는데
저만 일을 더하여도 한 번도 내색 없고
여러 일 제 힘껏 하여 놀 새 없이 바쁜가

—「집게손가락」 첫째 수

시조집 제일 앞에 나와 있는 표제 작품인 「집게손가락」의 첫째 수이다.

시적 존재는 숨겨져 있는 은폐성과 동시에 변장을 통해서 자신을 나타내는 계시성을 가지고 있는 바, 집게손가락에 시인 자신을 투시하여 어느 위치에 있든지 가리지 않고 남을 위하여 헌신하며 살아 온 시인의 인생관을 보여준 작품이라고 하겠다.

유동삼 사백은 남들이 싫어하는 일들이나 귀찮아하는 일들까지도 거절하는 일이 없이 희생적이며 봉사적으로 행동하신다. 이 점은 동인지를 엮어 가며 같이 활동해 본 사람이면 누구나 느끼는 일로 노안이시면서도 그 피곤하고 어려운 교정 일도 다른 편집진들과 시종 같이 하시는 것이다. 그러면서도 그 수고로움을 전혀 겉으로 내색하지 않는 분이다.

이 작품 외에도 작품 1부 「병아리」에서는 일상생활에서 얻은 시적 경험을 보다 쉬운 언어로 표출시킨 작품들로 구성되어 있다.

> 임의 곁에 있다 보면 그늘도 양지 되고
> 헌사하다 고요하고 시들다도 힘이 솟고
> 도리에 엇나가다도 바로잡게 되었네.
>
> —「도 닦아 쌓으신 탑이」 둘째 수

작품 2부 「꽃마음」에는 대부분이 축시나 헌시로 엮어져 있다.

인용한 작품은 유당 림헌도 박사의 정년 퇴임을 기념하여 지은 헌시인데 각 장 첫머리에 해당되는 분의 이름을 머리글자로 하여 두운의 묘미를 극대화하고 있다.

요란한 미사여구나 마음에도 없는 찬사가 아닌 진실로 심연 깊은 곳에서 우러나오는 애정의 일단을 읽으며 우리는 또 한 번 시인의 뜨거운 인정미를 느끼게 된다.

산기슭 밭두렁에 흰꼬리 내저으며
따뜻한 사월 바람 살지도록 흐뭇하여
밥티끼 매달아 놓고 큰 잔치를 벌이네
—「조팝나무」 첫째 수

저 살자고 남의 피 몰래 빨아 먹던 놈
풀 중에 땅빈대 그 놈도 똑같은 놈
바랭이 그 새에 끼어 군시러워 못 크네.
—「땅빈대」 전문

작품 3부 「꽃이 바람을 이기던 날」 중에서 가려 뽑은 시조다.

시인은 일반 언어를 사용하면서도 독자의 입장에서 보면 산문의 언어 현상과는 달리 시의 언어 현상이 특수한 심리적 구조나 반응에 기여하도록 사용해야 한다.

유동삼 사백의 시조는 모두 작품에서 그러하듯이 아주 평이한 일상 언어를 통하여 의인적이고 만화적인 기법으로 누가 읽어 보아도 바로 뜻을 알아낼 수 있도록 하여 난해성을 극복했다는 특징이 있다.

시인 자신이나 알 듯한 괴이한 언어로 어렵게만 써 가는 난해한 현대시의 조류가 오늘날 시인보다도 오히려 독자가 적다는 기현상을 낳게 했지 않는가 생각해 볼 때 쉬운 언어로도 얼마든지 심오한 사상을 실을 수 있다는 것을 무언으로 강조하고 있다.

더욱이 작품 「땅빈대」에서는 극단적인 이기주의가 팽배해 가는 현실 속에서 자신의 이익을 위해서는 남이야 어찌되든 상관하지 않는 현 사회상을 통렬하게 비난하고 있다 하겠다.

> 어버이 위중하여 숨 거두려 할 적마다
> 손가락 깨물어서 피 삼켜 드린 정성
> 그 효성 종소리 되어 가슴 가슴 울린다.
>
> —「시양골 안효자 정문」 첫째 수

마지막, 작품 4부 「정회장 옛터」에서는 인용한 작품에서 보듯이 전해 내려오는 열녀비, 효자비, 정문, 전설 등에 얽힌 이야기나 시인이 느끼는 소회 등을 노래하며 자꾸만 어두워가는 세태에 경종을 울려 주고 있다.

노익장을 과시하듯 평이한 작품 성향으로도 좋은 시조를 쓸 수 있다는 것을 몸으로 보여 준 시조집 『집게손가락』을 대하며 편집자가 요구한 원고의 양이 이미 훨씬 넘어선 관계로 극히 적은 작품을 예로 들어, 좀 더 깊이 있게 다루지 못하고 지극히 피상적인 면만을 언급한 듯싶어 매우 아쉽다.

「내가 그의 이름을 불러 주었을 때 그는 나에게 와서 꽃이 되었다」라는 김춘수 시인의 시에서 보듯이 우리의 사상과 시대상을 노래하는 데에는 시조와 자유시의 구별이 있을 수 없다.

우리의 것이라고 모든 이들이 불러 줄 때에 우리의 민족시 시조는 더욱 진가를 발휘할 수 있을 것이다. 그 날이 쉬 오도록 유동삼 사백께서는 특유의 건강하신 몸으로 왕성한 작품 활동을 하시리라 믿으며 다시 한번 장수와 건강을 기원한다.

좋은 시조집을 대하면서 평자의 좁은 면목과 식견으로 인하여 선생님의 문명에 누가 되지 않는다면 더 없는 다행이겠다.

— 2003『유동삼의 시조와 삶』

꽃과 어린이 마음

— 황희영 평설

사람이 창조한 말과 글자이건만 그것들을 가장 적당하게 만족스런 만큼 써 봤다는 사실을 나는 알지 못합니다.

그랬듯이 나도 '순진'이란 두 글자를 쓸 곳을 알지 못했습니다.

'순-(純)은 티 없이 맑고 깨끗하며, 진-(眞)은 영원한 것, 거짓 없고 바른 것'이라면, 이 어지럽고 메마른 인사세정(人事世情)에 꼭 두 가지를 제외하고 어디에 붙일 말이 있겠습니까?

그 두 가지란 흙에 뿌리박고 핀 꽃송이요, 이 세상에 사는 어린이 마음입니다. 꽃과 어린이 마음은 참으로 순진하기 까닭이외다.

그런데 유동삼 시인은 그의 시조집에 꽃과 어린이 마음을 가음 삼고 바탕 삼아 이른바 천진난만한 세계를 그것도 어른들만 읊조리고 짓고 읽고 하던 시조라는 정형시에다 창조를 시도하고 있습니다.

그는 그의 시의 동산에 일곱 뜨락을 마련했습니다. 하나는 '하늘' '창' 이런 것들이 있습니다. 하늘은 인간의 영원을 보는 창이요, 창은 영원히 인간을 보는 하늘입니다.

맑은 얼 높은 보람 청색으로 어렸는데
먹구름 몰아닥쳐 천둥 번개 요란 떤다

…………아예 탓을 않는다.

—「하늘」

동으로 트인 여닫지 않는 이 조그만 창문

……………

주야를 먼저 알고서 방 안으로 알리네

밖이 어두우면 안에서 빛을 주고

안이 어두우면 밖에서 빛을 준다

두 세상 그 틈에 끼어……

—「창」

밤과 낮은 영원으로 통하는 시간 그것은 창을 통하여 오간다고 했습니다. 그 틈에 끼어 산다고 했습니다.

둘은 어린이에게 안겨 줄 꽃다발 동시조(童時調)들이 있습니다.

가새뽕 작은 놈도 맛은 큰 놈 지지 않아

뽕 잎도 다 딴 가지 혼낼 사람조차 없다

매통골 비탈길 가에 입술 검은 조무래기

—「오디」

어린 시절을 추억하게 하는 것 마치, '만나'를 따먹는 자유와 평화의 낙원의 동산을 되찾게 하는 글입니다.

나더러 꽃이 될래 새가 될래 묻는다면
푸른 하늘 맘대로 쏘다니는 새 될래요
휴전선 저 너머까지 날아갔다 오게요

…………
풍년들라 울어대는 소쩍새로 태일래요
…………

솥 적다 솥 적다 걱정되어 우느냐
그래라 솥이 작으면 짓고 나서 또 지으마

이 얼마나 우리 겨레의 간절한 소원들이 동심을 통하여 절규된 노래입니까?

'버마제비' '토끼' '꿩' 등은 세심한 어린이의 관찰과 풍자의 묘를 얻었습니다. 거기다가 방언과 동요를 적절히 구사함도 놀랐습니다.

인간 생활의 구체성은 도구(道具)이며 한 겨레의 생활도구는 그 모습이요, 역사이기도 합니다. 작자는 이에 착안하여 이런 시를 지었습니다.

…………
몇 대를 물려 가며 한결같이 긁었기로
밖으로 둥근 원이 안으로 반달 모양
갈수록 야위는 몸이 날카롭게 빛난다

—「달창이순가락」

'윷'은 '영좌별곡—永座別曲'은 우리 겨레의 낙천성을 보여 주는 전통적 놀이를 교묘히 묘사한 보기 드문 작품입니다.

네 번째 꽃동산의 꽃노래 가운데 '함수초'는 대표적인 것입니다. 꽃의 외형과 이름을 바탕으로 객관적 관찰을 통한 마치 저 괴테의 시 가운데 「소년과 장미」를 연상하게 합니다.

낮에는 신경질을 부린다고 신경초
밤에는 잠만 잔다 비웃어 잠풀인가
그래도 어여쁘기만 〈미모사〉라 한다네

슬쩍 손만 대도 자지러지는구나
늦잠들어 깜짝 놀라 일어나는 새각시
다소곳 숙인 얼굴에 부끄러움 함수초

—「함수초」

시인이면 누구나 다루는 소재인 사랑을 천박한 센티멘탈이나 언어의 유희로가 아닌 '혈육' '육남매' '추석' 이렇게 인간 가족에서 찾아 주고 있습니다.

마당가 과꽃마저 설레며 기다린 날
객지에 매인 형제 돌아온 밝은 집안
은혜는 달무리 되어 가슴마다 번진다

—「추석」

‘思鄕三谷’은 고향을 그림과 소리에 재현시켜서 시가 지니는 시각과 청각의 파노라마를 펼쳐 주는 위력을 예시하고 있습니다.

끝으로 작자는 나라 사랑의 뜻을 웅변이나 설교가 아닌 역사적 인물, 애국지사, 조상의 유업, 고적, 명소를 따라 가슴속을 풀어헤쳐 주는 일을 잊지 않고 있습니다.

벽도 돌 기둥도 돌 천장도 부처도 돌
억겁을 침묵으로 고스란히 사는 나라
나그네 그 속에 서서 마저 돌이 되어라

—「석굴함 4」

보석 뿌린 밤 하늘 초롱초롱 헤아리다
달라진 별자리 궁 안으로 아뢴 밤은
임금님 신하 데리고 바삐 거동하던 곳

—「첨성대」

‘보문산’은 사설시조제를 본따 서사시적 장형 시조라는 점에서 크게 주목할 만합니다. 더구나 동화 전설의 세계를 아름답게 시화했다는 점에서 말입니다.

‘떠나시는 날’ ‘기도’로써 피날레를 장식했습니다. 스승은 어버이요, 어버이는 하늘이라신 동양의 미덕을 놓칠세라.

운동장 내다보시는 스승님 그 심정도
허전한 천오백의 메는 듯한 가슴들을
비둘기 저도 아는 양 우는 소리 슬퍼라

—「떠나시는 날」

이렇게 소박하고 진실한 생활, 아름답고 다사로운 작품들이기에 나는 사양하지 않고 유동삼 시인의 이 처녀 시집을 위하여 발문을 적어 경하하는 바입니다.

— 1967 첫 시조집 『유동삼 시조집』 해설

— 2003 『유동삼의 시조와 삶』

제 4 편

서평 및 기사, 대담

우리말·글 참사랑. 끊임없는 여정

김대중 기사

정열은 젊은 사람들만의 전유물이 아니라는 것을 새삼 확인하는 만남이었다.

'한말글 사랑 한밭 모임'의 명칭에서 알 수 있듯이 그는 올바른 우리말과 글을 알리는 평생을 바친 '일꾼'이다.

올해 희수를 맞는 그를 만나러 가는 길에는 어느덧 깊어진 가을의 넉넉한 풍경이 이어졌다. 그는 현재 아들이 운영하는 '사회복지법인 한마음' 회장직을 맡고 있다. 대전시 서구 장안동 장태산 기슭에 있는 '사회복지법인 한마음' 회장실은 우리말과 관련된 책자는 물론 문학서적이 책장은 물론 사무실 공간 대부분을 빼곡이 메우고 있었다.

화장실 출입문에는 우리말에 대한 각별한 애정을 헤아릴 수 있는 글귀가 눈길을 끌었고 자리에 앉기도 전에 그는 출입문에 붙여진 글귀를 설명했다. "다음은 노래가 있겠습니다"라는 표현은 부적절한 것입니다. '다음은 노래순서입니다. 다음은 노래입니다. 다음은 노래를 부릅니다.'라는 표현들이 맞습니다. '—겠습니다'라는 표현은 미래·추측·가능성·마음가짐 등을 뜻하므로 맞지 않는다는 것이 그의 설명이다. 이런 맥락에서 '예, 알겠습니다'는 '예 알았습니다'로 사용하는 것이 옳은 표현이라고 강조했다.

우리말과 글에 대한 애정은 평생을 교단에서 후학을 가르친 '전력'과 무관하지 않다.

"청주사범학교를 졸업한 후 지난 46년 진잠 초등학교 교사로 초임지 발령을 받았습니다. 광복 직후라 우리말과 글을 제대로 가르쳐야 할 중요한 시기였지요. 당시 군정청편수국장으로 계시던 외솔 최현배 선생한테서 '문자의 혁명'이라는 책을 받았습니다. '문자의 혁명이 없는 한 우리 문화가 근대문화로 발전할 수 없다'는 것이 내용의 골자였습니다.

그가 평생 올바른 우리말과 글을 보급하는 계기가 된 '사건'이었다. 광복 직후 일본식 표기 등 국적불명의 말과 글이 범람하는 것을 보고 국가를 위해서 '총대'를 메야겠다는 생각을 한 것도 이때다.

그 후 지난 91년 벌곡 중학교 교장으로 45년간의 교직생활을 마무리할 때까지 교단에서 국어 과목과 시조를 가르치며 우리말과 글에 대한 폭넓은 사랑을 실천했다.

그의 직함은 우리말과 글에 관련된 일이라면 버선발로 나서는 정열을 짐작하게 한다. 그는 현재 대전·충남 외솔의 대표와 대전시 교육청 교명 제정 협의회원, 대전시 지명 제정위원을 맡고 있다. 다섯 권의 시조집을 펴낸 시인으로 가람문학회 회장과 한밭시조문학회 회장, 한글학회 대전지부장을 역임하기도 했다.

'한말글 사랑 한밭 모임'은 정년 직후인 지난 91년 12월 만들어졌다. 우리말과 글을 올바로 사용하자는 뜻으로 대전 지역 교수와 교사, 문인 등 30여 명이 만든 단체이다. 창립 당시부터 이 단체를 이끌어 온 유 회장은 올 1월 모임 때 으뜸일꾼(회장)에서 명예 으뜸일꾼(명예회장)으로 자리를 옮겼다.

유 회장은 교직에서 정년퇴임을 한 이후 더욱 바쁜 일정을 소화

해 내고 있다. 팔순을 바라보는 나이에도 불구하고 각종 모임을 통한 공식적인 활동과 각 기관, 단체 등의 자문에 응하고 있다.

우리말과 글이 제대로 사용되고 있는지에 대한 감시자의 역할도 마다하지 않는다. 서적이나 광고문안 등의 잘못된 표기를 날카롭게 지적, 공문서 등을 통해 고칠 것을 요구한 것도 헤아릴 수 없이 많다.

몇 해 전에는 국방부장관에서 '예, 알겠습니다' 등 군대에서 사용하는 용어들이 부적합한 것이 많으니 고쳐 줄 것을 요구하는 건의서를 보낸 적이 있다. 유 회장은 "국방부에서 우리 군도 열심히 국어 순화를 하고 있으며, 귀하의 건의는 국어 심의회에 상정해서 거기서 결정 나는 대로 따르겠다는 답장이 왔습니다. 하지만 답장하는 것으로 끝나고 군의 말씨는 변화가 없었습니다."며 씁쓸해 웃었다. 그는 "우리 사회에 잘못 쓰는 말이 너무나 많다"며 우리말글 바로쓰기를 중독증을 고치는 일로 비유했다.

학교나, 다리, 아파트 이름 등을 지을 시기면 관련 기관에 공문을 보내 의견을 개진하는 것도 주요 활동 중 하나다. 관리자가 편한 대로 이름을 짓기보다는 지역주민의 정서 등을 고려해 지을 필요가 있다는 것이 그의 생각이다. '버드내 초등학교'는 지역 이름을 따 '유등초등학교'로 지어질 뻔한 것을 바로잡는 수많은 사례 중 하나다.

올해는 '한말글 사랑 한밭 모임'이 만들어진 지 꼭 열 돌이 되는 해이다. 매년 회원들의 글을 모아 책으로 엮은 '한말글 사랑'은 올해 유회장의 희수를 기념하는 특집호를 만들어 그동안 수고로움을 기렸다.

건강 관리는 어떻게 하느냐는 물음에 그는 엉뚱하게도 사회복지법인 내 시각장애인들에게 우리 전통가락을 가르치고 있다고 말했다. 농악과 시조를 겸한 우리 가락 익히기는 시각장애인들에게 자신감과 아울러 '우리 것'에 대한 애정을 심어 준다는 것이 그의 설명이다. 팔순을 앞둔 유회장이 건강을 유지하는 비법은 다름 아닌 평생의 없이었던 교육에 있었던 것이다.

요즘엔 한글날을 국경일로 삼는 일에 발 벗고 나섰다. 우리 겨레의 자존심을 살리고, 자주 정신을 국민들에게 심어주기 위해서 반드시 한글날을 국경일로 복원해야 한다는 것이 유 회장의 신념이다.

짧지 않은 시간 인터뷰를 마친 후 현관까지 따라나선 유 회장은 출입구 오른쪽의 한 화분을 가리키며 "심어진 꽃이 무엇이냐?"고 물었다. 잠시 머뭇거리자 유 회장은 황순원의 단편소설 「소나기」에 나오는 토종 야생화 '마타리'라고 설명했다.

우리말과 글에 대한 그의 애정은 결국 '우리 것'을 찾고 지키기 위한 쉼 없는 여정임을 확인하는 순간이었다.

— 2001. 10. 8 〈중도일보〉

쉽고 편한 글 쓰면 나라도 발전

김재근 기사

"넓이뛰기라는 말은 일본어의 '하바도비(幅躍)'란 어휘를 그대로 직역한 잘못된 말입니다. 우리말에 그런 말이 없습니다. 당연히 '멀리뛰기'라고 해야지요"

평생 동안 한글사랑운동을 실천해 온 유동삼 씨.

교육계와 문단 각종 한글 관련 모임 등에서 유동삼 씨는 흔히 '고집쟁이'로 통한다. 한글을 전문적으로 연구하는 전문학자는 아니지만 평생 학교 교사로 재직하며 한글 사랑과 한글 보급 운동을 펼쳐왔고 1991년 2월 정년퇴임 이후에도 이 일을 계속하고 있다.

"예전에 학교에 있을 때 우연히 어린 중학생이 '顯考…' '顯祖妣…'라고 쓴 지방을 외우고 있는 것을 봤습니다. 하도 기특해서 누구 지방이냐고 물어보니 모르는 것이 아닙니까?"

이래서 유씨는 각종 축문과 지방을 우리말로 풀어쓴 책자를 만들어 보급하고 있다. '훌륭하신 옛 아버지 얼 내림자리'라고 쓰면 쓰기도 쉽거니와 이해하기도 좋다는 것이다.

"복잡한 문자를 사용하는 중국과 간편한 알파벳을 쓰는 미국의 문명·문화발달의 차이와 터키가 문자혁명에 성공한 사례들을 보고 크게 감명을 받았습니다. 우리나라도 빨리 이해하기 쉽고 쓰기 편리한 한글을 널리 쓰는 것만이 국가 발전의 지름길이라는 생각을 하게 됐지요."

유씨는 이러한 결심 끝에 중학교사로 일하며 내내 한글 전용 운동을 펼쳤다. 자신의 이력서를 한글로 썼고 봉급을 담당할 때는 다른 교사들의 월급봉투도 이름과 액수를 모두 고집스레 한글로 썼다.

"모두들 처음 보는 것이라 어리둥절해 하더군요. 50~60년대만 해도 모두 한자를 써야 행세를 하고 유식하다는 소리를 들을 때였거든요."

유씨는 특히 1968년 대전·충남지역에서 처음으로 인감에 한글 도장을 사용한 선구적(?) 인물로 손꼽힌다.

"대흥3동 동사무소에 갔더니 담당 공무원이 인감증에 사용하는 성명은 호적 또는 주민등록증에 있는 이름이어야 한다는 내용의 규정집을 내보이더군요. 한 마디로 한자는 되지만 한글은 안 된다는 것이지요."

유씨는 그 때 모든 공문서는 한글로 쓰고 필요에 따라 한자를 병용할 수 있다는 한글전용법을 찾아내 도지사와 내무장관 총리실 등에 질의 서한을 보냈고 결국 이것이 받아들여져 처음으로 한글 이름을 공문서에 사용하는 영광(?)을 누렸다.

유씨는 이 밖에도 학교 재직 중에는 전교생들로 하여금 애국가를 제대로 띄어쓰고 줄을 바꿔쓰기를 하도록 가르치기도 하고 우리말 이름 쓰기 운동을 벌여 자손들에게 한별·하나·누리·나래·한얼·보람 등의 이름을 줬으며 한글 명함을 사용하고 있다. 작년부터는 '한말글 사랑 한밭모임'을 만들어 으뜸일꾼(회장)으로서 한글 사랑과 바로쓰기 운동을 벌이고 있다.

또한 유씨는 우리의 전통 예술을 계승발전 시킨다는 입장에서 시조창작에도 전념『꽃마을』등 4권의 시집을 냈다.

— 1992. 10. 9 <대전일보>

생활의 진실한 응결

김해성 서평

시 작품과 시인을 동일한 위상으로 간주하는 것이 문학의 한 도라 하던 시대가 지나갔지만 시 정신 그 자체는 아직도 시 작품과 시인은 동일한 선으로 보고 있으며 진품과 시인의 생활과도 절대 관계가 되는 것이다. 이 三者의 共存協和에 의하여 시의 창작은 항상 生命化해 가는 것이다. 여기에 시인의 根本鄕心인 童心은 또한 시인에게는 크게 작용하는 것이다. 동심은 곧 시인의 진심 진리를 의미하는 것이다. 시인이 시 작품을 창작하는 순간은 동심으로 돌아가며 이 동심 속에서만이 청자들과 중화할 수 있고 공명공감할 수 있는 시작품을 생산할 수 있을 것이다.

이번 시조시집을 낸 유동삼 시인은 앞에 말한 시인과 시 작품과 생활과 동심의 시적 요소를 겸비한 시인이다. 항상 필자나 유동삼 시인의 주변에 사는 사람들은 '틀림없는 인간' '착실한 교원' '진실한 인간미' '소박하고 동심적인 인간성'의 소유자라고 하는 언어를 항상 사용한다. 이것은 곧 유동삼 시인의 인간성을 말하는 언어이며 시 세계를 말하는 것이 될 것이다.

유동삼 시인은 석상처럼 수줍은 아가씨처럼 말이 없는 청산 같은 침묵의 時間性을 온몸에 지닌 또다른 시인적인 인간미를 가진 시인이다. 시작 생활을 십수 년 이상 해 오면서도 항상 겸손한 문학청년 같은 태도로 문학인—일반인들을 대해 오며 시 작품은 우리 한국인들의 생활상황 속의 생활용품과 생활 주변의 모든 회유의 고유물을 많이 울고 있다.

유동삼 시인은 특히 한국현대시조시단에서 산 시조를 창작하는 특유한 시 세계를 가지고 있다. 이런 시 세계는 곧 이 시인의 20여 년의 교단생활에서 다져진 시정신의 발로이며 응결의 후산물인 것이다. 순순한 우리 한글과 우리의 언어만을 사용한 한글 전용의 시 작품임도 유 시인의 또 하나 특색인 것이다.

곧은 맘 푸른 제복
바른 자세 三章公約

굳어진 마디마디
피어린 다짐으로

한세상 깨끗이 사는
고진들의 별천지

素描적인 片想의 세계를 시적 진실과 죽림의 자세와 작자 자신의 인간성 전체를 조화하고 융화시켜 산출된 작품인 것이다. 절실한 울림—이것은 시인의 진실한 생활의 감정이 시화되었을 때 융화되는 것이다. 유동삼 시인의 자기화한 자기 생활을 실증하고도 남음이 있는 「竹林」이다.

이상과 같이 유동삼 시인의 시조집을 읽고 〈青磁同人〉의 한 사람으로서 奉請康心한 마음으로 유 시인의 인간상과 생활상과 시 작품을 拙言拙見하면서 유 시인의 시적 진실은 한국의 시맥에 영원한 母音이 될 것을 바라 마지 않는다.

— 1967. 8. 20(일) 〈대전일보〉

'한말'과 '한글'을 사랑하는 모임

 # 류숙현 서평

장태산 휴양림 뒤편에는 사회복지법인 장애인 수용시설인 한마음이 있는데 이 곳은 한말글 사랑 한밭 모임의 으뜸일꾼(회장)을 맡고 있는 유동삼씨(73세)가 근무하는 곳이다. '한말'과 '한글'의 합성어인 한말글 사랑은 91년 대전지역에서 우리말을 고민하는 회원 30여 명으로 이루어진 모임이다.

회원은 교수도 있고, 교사, 공무원, 정년퇴직한 교육자 등 다양하지만, 우리말과 글에 대한 애착은 모두 다 같은 크기.

"회원은 30여 명인데 두 달에 1회꼴로 모이는 정기모임에는 약 15명 정도가 출석합니다. 모임에서는 주로 연구한 내용을 발표하고, 토의하고 정보를 교환하는 식으로 진행되죠. 모여진 정보는 매년 한글날을 기념해 자료집인 '한말글 사랑'으로 발간됩니다."

유동삼씨의 설명이다. 유동삼씨는 국어 계통에서는 어느 정도 알려진 인물이다. 평생을 중학교 국어 선생님으로 재직하고, 벌곡중학교 교장으로 정년퇴직할 때까지 시조시인이라는 직함을 잃지 않았던 분.

유동삼씨의 대표작인 「할머니 말씀」은 현재 초등학교 5학년 2학기에 수록되어 있기도 하다.

할머니 말씀

동기간 한몸같이 아끼며 보살피며
준 것은 다 잊더라도 받은 은혜 잊지 말고
서로가 도와가면서 한결같이 지내라

하루종일 놀더라도 논 표는 아니 나고
도막 시간 책 읽으면 공부한 표 금방 난다
하물며 매일 힘쓰면 뛰어나게 되는 법

남의 것은 짚검불도 어려운 것이란다
폐 안 되게 살아가기 쉬운 일 아니란다
신세를 지는 것보다 보태주며 살아라

나 하고 싶은 일은 암만해도 표 안 나고
남 위해 하는 일은 작은 것도 표가 난다
남들을 이롭게 하면 나도 빛이 나는 법

한말글 사랑은 국어 사랑에 연계된 일이라면 무엇이든 도와준다.

한말글 바르게 쓰기 개별 지도를 하고, 궁금한 점은 전화로 상담해 주고, 아기 이름도 지어 주고, 한글 인쇄물은 교정도 도와준다.

그리고 꽃씨를 나눠주는 것은 한말글 사랑의 주업무, "제가 처음 꽃씨를 나눠주게 된 계기는 중학교 교과서 황순원의 소나기를 보면, 마타리라는 식물이 나와요. 웬만한 길가에는 다 있는 식물인데 한약재료로 쓰이는 마타리는 말릴 때 간장 썩는 냄새가 나 패장이라고도 합니다. 냄새가 워낙 고약하니 (입)맛에 탈이 나지 않겠어요? 그래서 마타리라고 하는데, 학교에서는 단순히 들꽃의 일종이라고 배우거든요. 그래서 그 때부터 학교의 국어 선생님을 중심으로 마타리의 꽃씨를 나눠줬습니다. 책에서 배운 건 직접 확인해 줘야 한다는 생각이었죠."

그렇게 시작한 꽃씨 나눠주기가, '올해도 과꽃이 피었습니다'에 나오는 과꽃으로 이어져, 현재는 구절초, 산국, 무궁화까지 나눠 주고 있습니다.

그리고 잘못된 행정용어나, 지명에 대해 끊임없이 민원을 제기하고 국어심의위원회에 의견을 회부하는 것도 한글에 대해 남들보다 많은 애정을 가진 사람들이 모인 한말글 사랑의 몫.

유동삼 씨의 얼굴은 일흔의 나이에 어울리지 않게 60대 초반으로밖에 보이지 않는다. 건강의 비결을 물어 보자, 자신이 '한글세대라서'라고 말한다. "내 또래는 모두 한문을 배우고, 일본말을 배운 세대입니다. 그런데 나는 이력서를 쓸 때도 가로쓰기를 하고 순 한글로 써서 냈거든요. 그것 때문에 북한 방식을 추종한다고 모함을 받기도 했지만, 여하튼 나는 한글세대이니 남들보다 30년 정도 젊은 건 당연하겠지요."

남들 흔히 갖는 명함도 뒷면에 잘못 쓰기 쉬운 말 몇 가지를 적어서 주다 보니 지면이 좁더란다. 그래서 아예 명함 크기 2배만큼의 종이에 큼지막하게 잘못 쓰기 쉬운 말 7가지를 적고, 그 말에 자그마하게 이름과 전화번호를 써 놓았다.

한말글 사랑 으뜸 일꾼답게 자신의 이름보다는 올바로 쓰는 '말'이 더 소중하다는 듬직한 고집스러움이 보이는 단면이다.

— 1967. 10. 16 〈한밭저널〉

우리말·글 참사랑 끊임없는 여정

엄은화 기사

한글 지킴이로 널리 알려진 유동삼 선생을 만나러 가는 길은 멀었다.

가수원과 구봉산 산자락을 넘고, 장태산 휴양림을 지나서도 한참을 갔다. 가는 도중 몇 번이나 길을 헤맨 뒤에 도착한 곳은 사회복지 법인 한마음. 주소는 대전광역시 서구 장안동이지만, 대전을 경계짓는 마지막 산자락 바로 아래인 듯 멀고 깊은 산중에 자리를 틀었다. 유동삼 선생은 이 곳의 명예회장이다. 올해 79세의 나이지만 하루도 출퇴근을 거르지 않는다. 한마음 곳곳에 단장된 작은 화단과 장애우들과의 만남으로 하루를 보내고, 보다 많은 사람들이 올바른 우리말을 사용할 수 있는 방법을 찾아나서는 것이 하루의 일과.

건네받은 명함부터 대번 한글 사랑의 깊이를 알게 했다.

으레 명함에 적혀 있기 마련인 이름, 직함, 연락처 외에 '잘못 쓰기 쉬운 말' 용례가 빼곡히 채워졌다. 선생은 요즘 사람들이 보통 '—겠습니다'는 표현이 잘못된 것임을 지적했다. 통상 '건강이 회복되기를 바라겠습니다'는 표현은 '—바랍니다'가 '—알겠습니다'는 '알았습니다'가 적합한 표현임을 만나는 사람마다 설파하고 있었다. '—겠습니다'라는 표현은 미래, 추측, 가능성, 의지를 뜻하기에 맞는다는 설명이다. 이런 맥락에서 '예, 알겠습니다'는 '예,

일있습니다'로 사용하는 것이 옳은 표현이라고 강조했다. 이런 작은 행동들이 선생을 '올바른 우리말과 글을 알리는데 평생을 바친 일꾼'으로 부르게 한 듯했다.

'마타리'를 아십니까

선생은 사회복지법인 한마음에서 꽃가꾸기와 시각장애인 '농악지도', 환자들에게 우리 가락과 우리 시조를 지도한다. 우리가 그냥 지나치고 만 꽃 이름을 중심으로 직접 재배한 꽃을 보여 주며 어원과 의미를 알려 준다. 꽃 이름이 뭐 그리 중요할까 싶지만, 교과서에서는 물론 일상에서 잘못 알고 있는 꽃 이름이 너무나 많다는 것이 유 선생의 주장이다.

선생은 40여 년 전 한 여중 재직시절 수업 시간을 회상한다. "전교 24개 반의 문법지도를 맡았을 때였죠. 한 반에 들어가니까 책상에 '과꽃'이 놓여 있길래, 꽃 한 송이를 들고 60여 명의 학생들에게 이름을 아는가 하고 물었죠. 그런데 한 명도 모르더군요." '올해도 과꽃이 피었습니다~'라는 노래들은 다들 알고 있는데 정작 과꽃이 무엇인지 모르고 있었다.

한번은 해방 이후 국정교과서에서 빠진 적이 없는 황순원의 「소나기」에 나오는 '마타리'를 얼마나 알고 있나 싶어 만나는 지인마다 질문을 던졌다. 대답은 시원찮았고, 국어 교사들도 이를 제대로 알고 있지 못했다. 이 때부터 소위 '마타리' 계도에 나섰다. 속된 말로 '똥꽃'으로, 한약재로 '패장'으로 불리는 이 꽃은 냄새와 맛이 지독해서 '맛이 탈이 났다'는 의미의 '마타리'가 됐다. 이해를 돕기 위해 재배한 마타리를 들고 다니며 보여주고 냄새를 맡게 했다. '자연 사랑=학생 사랑=국어 사랑'임을 실천하고 있는 예다.

꽃 이야기는 여기서 그치지 않는다. '들국화'는 일본어에서 유래한 '들에 핀 꽃'의 총칭이며, 우리말로는 '구절초'가 적합하다. 국어책부터 잘못 사용되고 있는 설정을 한글 큰 사전을 통해 입증했고, 구절초 재배로 우리꽃 전시회에 출품하는 열의로 학생뿐 아니라 시민들에게 알리고 있다.

한글 사랑은 천직

"특별한 동기가 있겠습니까. 국어 선생이니까 학생들에게 가르치다 의문 나면 찾아보고, 올바른 우리말로 정확한 뜻을 전달해 주려 한 것이 지금까지 손을 떼지 못하고 있는 거겠죠."

유동삼 선생의 한글 사랑은 소박했다. 결연한 의지나 웅대한 포부보다는 생활 속에서 주어진 역할에 충실해 온 삶이 오늘을 있게 한 듯했다.

선생이 사범학교를 졸업하고 진잠초등학교 교사로 초임지 발령을 받은 것은 해방 직후인 1946년, 어느 때보다도 우리말과 글을 제대로 가르쳐야 할 중요한 시기였다. 당시 군정청 편수국장이던 외솔 최현배 선생의 '문자의 혁명'이라는 책을 통해, '문자의 혁명이 없이는 우리 문화가 근대문화로 발전할 수 없다'는 내용을 접한 것이 인식의 큰 변화를 이루는 계기였다. 이것은 일본식 표기 등 국적 불명의 말과 글이 범람하는 당시, 유 선생이 평생을 올바른 우리말과 글을 보급하게 한 사건이었다.

이후 91년 벌곡중학교 교장으로 45년 간의 교직생활을 마무리할 때까지 교단에서 국어 과목과 시조를 가르치며 우리말과 글에 대한 폭넓은 사랑을 실천했다. 늘 우리말과 글에 관련된 일이라면 버선발로 나서는 정열을 내비쳤다.

우리말이 제대로 사용되고 있는지에 대한 감시자 역할을 물론, 서적이나 광고 문안 등의 잘못된 표기를 날카롭게 찾아냈다. 공문서 등을 통해 고칠 것을 요구한 것도 헤아릴 수 없이 많다. '교통사고 다발지역→교통사고 많은 곳→교통사고 잦은 곳'으로 변모된 것과, '주거니 받거니' 등 우리말로 지어진 간판을 장려해 가는 일도 앞장섰다.

그런가 하면 다섯 권의 시조집을 펴낸 시조시인이면서 가람문학회, 한밭시조문학회, 한글학회 대전지부의 수장을 역임했다. 또 줄기차게 대전·충남외솔회 대표와 대전시교육청 교명 제정 협의회 회원, 대전시 지명 제정 위원으로 활약하며 한글 사랑을 실천했다.

'한말글 사랑 한밭모임'은 정년 직후인 지난 91년 태동했다. 우리말과 글을 올바로 사용하자는 뜻으로 지역 교수와 교사, 문인 30여 명이 함께했다.

창립 때부터 단체를 이끌어 온 유 회장은 이제는 으뜸일꾼(회장)에서 명예 으뜸일꾼(명예회장)으로 물러나 후배들의 활동을 독려하고 있다.

잘못 쓰인 말 너무 많아

유 선생은 산중에 사무실을 두고 있지만, 바로 잡아야 할 우리말이 너무 많아 마음이 분주하다 유 선생은 대전남부순환도로가 건설될 당시 다리 이름을 '갑천교'로 한다는 소식을 접하고, '모새골 다리'로 해야한다는 의지를 수차례의 공문을 통해 고친 일이 있다. 인근 주민에 익숙한 이름으로 다리 이름을 시어야 하고, 한자어 '교(橋)'보다 우리말 '다리'로 고쳐야 한다는 주장이었다. 그러나 관공서의 관례상 받아들여지지 않다가 회덕 부근에 '갑천교'가 있다는 사실을 확인 뒤에야 '모새골교'로 고쳐졌다. 이와 같은 성과로 현재 태평동의 '버드내마을'과 '버드내 초등학교'가 둔산 샘머리아파트 단지 내의 '원천초'가 '샘머리초'로 교명을 바꾼 예가 있다.

유 선생은 "교명이나 다리 이름 등이 한문 두 자로 돼야한다는 관념이 관공서 중심에서 강하게 인식돼 있어 우리말 사용의 걸림돌이 되고 있다"며 "우리의 옛것을 찾아 다시 빛을 내는데 있어 깨뜨리지 못하는 구습이 장애 요인"이라고 지적했다. 요즘은 관저동 신설학교의 교명을 지명이름을 딴 '느리울(느긋한 경사가 있는 마을)'로 할 것과 '갈마 2초'를 '한마음 초'로 지을 것을 건의하고 있다. 또 학교 앞 어린이 보호구역 표지판의 경우 '여기부터 00m'라는 표기는 처소격 조사인 '여기서부터', '여기에서'가 올바른 표기임을 강조하고 있다. '부터'는 시자함 도움 토시로 쓰일 때 올바른 용법이라는 설명. 그러나 이같은 선생의 노력의 가장 장애가 되고 있는 것은 국어사전이다. 사전을 발간하는 학회나 연구원마다 올바른 한글 용법이 다른 예가 많다. 어린이 보호구역 표지판의 경우도 95년부터 줄기차게 주장해오고 있는 반론이지만, 한 국어 연구원의 잘못된 분석으로 인해 고치지 못하고 있는 사례다.

선생은 "국어 교과서가 바르게 돼야 국어 순화가 이뤄지고, 국어 교과서 이전에 국어 사전이 잘돼 있어야 한글이 올바를 수 있다"며 아쉬움을 토로한다. 일본어 잔재, 무분별한 외래어의 수용, 잘못 알고 있는 문법 예들이 고정관념과 맞물려 언어 순화를 어렵게 하고 있다. 그 안에서 유선생은 오늘도 화단에 피어 있는 꽃 한 포기에 애정을 쏟으며 희망을 버리지 않는다. 차근차근 보여 주고 확인시켜 주다 보면 우리말의 의미와 아름다움이 꽃향기처럼 널리 퍼져나갈 것을 믿기 때문이다.

〈중도일보〉

열정과 신념의 시조 사랑, 한글 사랑, — 유동삼(庾東三) 선생을 찾아서

 # 이규식 대담

유동삼(庾東三) 선생은 늘 분주하다. 정년퇴임 후 벌써 수년이 지났지만 현직 시절 못지않게 여러 동아리 활동과 집필로 역동적이고 바쁜 나날을 보내고 있다.

원로 문인의 문학 회고와 삶의 자취를 들어보는 기획의 두 번째 초대 손님으로 유 선생을 만난 것은 대전시 서구 장안동 소재 한마음 복지법인의 회장실에서였다.

남다른 한글 사랑과 그 사랑을 행동으로 실천하는 적극성 그리고 누구나 이해하기 쉽고 삶을 조명하는 시조 쓰기를 향한 유 선생의 노력과 열정은 고희를 넘긴 지금에 와서도 조금도 식지 않았음을 대담 시간 내내 확인할 수 있었다.

그리고 함께 떠오른 생각은 유 선생의 한글, 시조 사랑을 뒤이을 후속 세대의 지속적 확보 문제였다. 사이버 멀티미디어 공간에서 훼손당하는 우리말, 우리 글의 수난 곤경을 볼 때 유 선생이 반세기 넘게 벌여 온 국어 운동의 당위성이 더욱 새롭게 돋보이는 이즈음이다.

• 요즘 선생님 근황은 어떠하십니까.

— 이수열 님이 지은 '우리들 갈고 닦기'를 읽고 있다. 지난날 나

도 국어 책에서 고쳐야 될 데를 많이 찾아내어 편수국에 가끔 보낸 일이 있었다. 그러나 이수열 님에 비해 보면 나는 그 100분의 1도 못 된다. 우리말·글이 외국어의 영향으로 잘못된 데가 이렇게도 많다는 것은 누구나 놀랄 일이 아닐 수 없다. '한말글 사랑'에 실은 글을 다듬느라고 매우 바쁘다. 거기에서 오는 부작용이 매우 클 것이다. 교육 전문가보다도 한문 교육 연구 기관의 빗나간 극성이 이런 반갑지 않은 변화를 가져오는 것이 뻔하다. 마땅찮은 일이다.

마타리가 피고 상사화가 피었다가 지고 있다. 마타리를 꺾어 들고 모임에 가서 꽃 이름 설명을 아직도 더 해야할 형편이다. 복지원에 자원 봉사하러 오는 학생들에게도 마타리를 보여 주면서 그 꽃 이름의 어원을 알려 주고 있다. 맛이 탈나서 맛탈이→마타리가 되었다고.

• 한평생 교육자로, 문인으로 살아온 자신의 삶을 회고한다면.

— 우리말·글을 소중하게 여기는 교육을 하자매, 나 자신의 글에는 깨끗한 우리말 쓰기가 앞서야 했다. 또 교실에서뿐 아니라 기성 세대의 고정 관념을 바꾸게 하는 활동에도 부지런해야 했다.

하기는 했으나 미흡했나보다. '진벌'이라는 자연 마을 이름을 제쳐놓고 '평촌(坪村)'이라는 법정 동명(이것은 왜정 때 일본 정책으로 만든 것임)을 더 친근하게 여기는 것을 고치지 못한 것이 매우 아쉽다. 내 고향에는 호남선 '사진포 터널'이 있다. 이것은 공식 이름이고, 주민들은 대부분이 '검은동굴'이라고 말한다. '검은돌'은 '흑석동(법정동)'의 고유어이다. '터널'은 고유어로 '굴'로 쓴다. '검은돌굴'은 주민의 말이고, '사진포 터널'은 왜정 때부터 공식 이름이다. 이것은 바꿔야 한다. '사진포 터널'을 쪼아 없애고 '검은돌굴'로 새겨야 옳다. 이 옳은 일을 하지 못한 내 작은 힘이 아쉽기만 하다. 대전·진주 사이의(대진고속도로) 다리 하나를 '모새골교'로 정했다. '모새골다리'로 해야 옳은데, 내 힘으로는 어찌할 수가 없었다. ㅎ도로공사의 횡포를 꺾지 못한 내 힘에 한계가 있었던 것을 아쉽게 여긴다.

'지금부터 광복절 경축식을 시작합니다.'가 바른 말인데, '……시작하겠습니다.'로 쓴다. 이 '하겠습니다'는 군대에서도, 철도청 방송에서도, 정부 주관 경축식 진행 때도 쓴다. 바르게 쓰는 계도가 미약했었나보다. 다행스럽게도 각 방송국에서는 '시작하겠습니다.'보다 '시작합니다.'를 더 많이 쓰게 됐다.

우리 국어 교사들 대부분이 글을 가르치기는 해도 쓰지는 못하는 탈을 벗겨야 한다고 믿고 있다. 그래서 나 자신부터 해야 한다고 수필과 시조를 써 왔다. 내 글을 수준미달로 여기는 분도 있을 것이다. 그러나 쉽게 쓰기의 내 주장을 한 번도 저버리지 않은 탓이라고 스스로를 달랜다.

- **근래 정보화 사회에 접어들어 우리말, 우리 글에 대한 오염, 파괴, 훼손이 심한데 이에 대한 견해는(구체적으로).**

— 위에서도 말했지만 자연 마을 이름을 주민은 고유어로 된 '범골', '올바위', '질마루'를 지켜 오고 있으나 먹물 먹은 층은 이를 소외해 왔다. '파랑주의보'는 '큰물결 주의보'로 할 수 있다. 그런데 그냥 쓰고 있다. '생각한다'를 '생각되어진다'로 쓰는 것을 고치지 않는다. '과선교(跨線橋)'는 '구름다리'로 쓰라고 '행정용어순

화편람'에 명시했는데 지키지 않는다. '신랑·신부가 맞절을 합니다.'가 옳은데 '…… 맞절이 있겠습니다.'로 괴상한 말인데 보통으로 여긴다. '묵념을 올립니다.'가 옳은데 '묵념이 있겠습니다.'로 굳어졌다.

일본에서는 잡지나 TV에서 서양 말을 아주 많이 외래어로 쓴다. 이것이 우리에게 바로 영향을 주었다. 지식층에서는 남이야 못 알아듣든지 어찌됐든지 서구식 또는 어려운 한자어를 쓴다. '예식장'은 '웨딩홀'로, '목욕탕'은 '사우나'로, '겹치다'는 '따블되다'로, '말머리'는 '화두(話頭)'로, '절차'는 '수순(手順)'으로 바꾸어 쓴다.

이들은 겨레 얼이 흐려져 일시적 유행에 휘말리어, 경망스러움에서 오는 자기 과시로 본다. '오열 속에'보다 '울음바다'가 어떨까 이것은 방송 용어 심의회를 수시로 열어서 논의해야만 한다.

1992년 12월에 대한민국정부 이름으로 펴낸 '행정용어순화편람'을 공무원들이 먼저 지켜 나가는 분위기를 만들어야 한다. '고가도로'는 '구름다리길', '육교'는 '구름다리'하는 것이 적절하다.

'곤색'은 '검남색'으로, 정부에서 만든 것을 공무원이 지키지 않으면 무슨 소용이 있는가! 독일의 철학자 칸트는 '나폴레옹 군대가 독일을 짓밟아도 독일 사람이 독일 말을 아끼며 독일은 말하지 않는다. 그러나 독일 사람이 독일 말을 아끼지 않으면 나폴레옹 군사가 독일을 짓밟지 않아도 독일은 내부적으로 부패해서 마침내 망한다.'고 하였다. 우리 지도층은 이 말을 명심해야 한다.

• 우리말·글에 대한 사랑은 어떤 계기로 갖게 되었는지.

— 나는 1946년부터 진잠 초등학교 교사로 교직 생활을 시작하

였다. 사범학교 출신은 나 하나고 모두 일반계 고등이나 대학을 나온 직원들이었다. 나는 자존심을 가지고, 스스로 채찍질하였다. 이 때에 외솔 최현배 선생이 교육부 편수국장이셨다. '문자의 혁명'을 학교마다 보내 왔다.

이것을 읽고, '우리 나갈 길은 한글 전용이요, 국어 순화다'고 깨달았다. 그 전에도 외솔 선생이 지으신 '우리 말본'을 읽고 느끼는 바가 있었다. 진잠 초등에서 서울 금양초 등으로 자리를 옮기고, 일요일마다 한글학회에서 차린 한글강습회에 나갔다. 그러다가 한글학회 안에 차린 교육부 위촉 세종중등국어교원 양성소를 다녔다. 최현배 선생님의 강의도 2년 간을 들었다. 한글학회 중진들이 모두 강의를 맡으셨다. 정인승, 이희승, 장지영, 이병기 여러 선생님들의 강의에 우리말·글 사랑이 굳어졌다.

• 그간 살아오면서 잊지 못할 추억과 아쉬움을 꼽아본다면.

— 내가 하는 일은 북한의 노선과 같은 데가 많다. 이상하다. 색안경을 쓰고 나를 보는 이가 있었다. 한글 전용법이 공포되고 나서도 그러했다. ㅎ중학교 시절에는 한글 병든 사람으로 여기는 이도 있었다.

한글학회에서 최현배 이사장님이 나를 부르셨다. 사전 편찬 사업에 함께할 수 없느냐?고 물으셨다. 대전에서 셋방살이로, 박봉으로 가족들과 생활하고 있는데 학회에서는 더 적은 보수를 받게 된다니, 두 집 살림을 하는 것은 도저히 감당할 수 없다는 계산이 나왔다. 그래서 내 좋은 기회를 꺾을 수밖에 없었다. 이것이 지금도 지나간 일이지만 뉘우칠 때가 있다.

• **자신이 가장 아끼는 대표작과 해설은 무엇인지요.**

— '저 산은'과 '물처럼'은 자연으로 돌아가서 자연 속에서 조용히 자연의 아름다움도 누리며 살아보고 싶은 내 마음을 담은 글이다.

• **평소 어떤 자세로 글 쓰기에 임하십니까.**

— 읽을 사람을 생각하면서 글을 쓴다. 그들 머리에 들어가지 않으면 무엇 때문에 쓰는가! 유명해지려고 쓰는 일은 없다. 널리 알려져서 이름을 떨치려는 생각은 거품이다. 큰 것보다 작은 것, 넓은 것보다 좁은 것, 개괄적인 것보다 구체적인 것이 읽는 사람의 가슴을 울릴 것이라는 생각을 늘 한다. 어른들만 읽는 것이 아니고 할아버지가 눈이 어두우면, 손자가 옆에서 낭독하는 것도 생각한다. 그래서 초등학교 어린이도 읽을 수 있게 쉽고도 구체적으로 글을 쓴다.

• **유 선생님의 글은 누구나 읽고 이해하기 쉽지만 문학의 주요 요소인 응축, 상징, 비유 등이 약하게 보이기도 하는데 이에 대한 견해는.**

— 남들처럼 문학적이랍시고 어렵게 쓰면 읽을 사람이 없을 것이라는 생각을 한다. 문학적으로도 쓰고, 쉽게 읽을 수 있으면 더 할 나위가 없다.

문학적으로 예술적 가치가 있는 유명 인사의 시를 읽어 보고 내가 느끼는 것을 구름을 잡으려는 것같이 허망한 경우가 많다. 내가 쓰는 글에는 꿀이나 설탕을 탄 물처럼 단 데가 없고, 맹물 같다는 것을 느낀다. 그러면서도 초등학교 어린이까지도 읽어 줄 것을 늘 생각하기 때문에 쉽게 쓰는 신념을 버리지 않는다. 더 노력해서 쉬우면서도 재미있는 글이 되게 하고 싶다.

• 우리 시조 문학을 회고하고 21세기에서의 위상을 전망한다면.

— 지금까지는 어른 중심의 시조였으나 이제부터는 어린이들이 즐겨 읽는 시조가 많이 나와야 한다고 생각한다. 어린이 시조가 널리 보급되기를 바란다. 시조 백일장에서도 성인들의 우수작을 내는 것에 더 마음을 쓰고 있다. 초·중학생들끼리만 하는 시조 백일장이나 지상 백일장이 많아지기를 바란다. 어린이다운 생각으로 어린이다운 말로 쓴 시조를 멋지다고 칭찬해 주는 안목이 아쉽다. 어린이가 어른들 시조를 흉내 내지 말고, 성실한 어린이 생활을 소재로 해서 생활 시조를 높이 평가하는 분위기가 매우 아쉽다.

• 어릴 적의 고향 마을과 유년 시절의 기억을 떠올리면.

— 7살 때인지는 확실하지 않다. 어머니를 따라 외가인 복수면 지량리 한우물까지 걸어서 갔다. 한 번도 업히지 않았다. 화강암이 삭아서 모래로 된 능선을 걸으면 미끄러지기 쉬운 산길이다. 아주 위험한 데를 잘 걸었다. '큰 삽으로 이 산을 한 번에 뚝 떠서 바다에다 던지면 좋을 텐데……' 내가 어머니한테 이런 말을 했다고 한다.

보릿고개에는 좁쌀로만 지은 밥을 먹었다. '왜 쌀밥 먹을 때는 좁쌀을 섞지 않고, 보리밥 먹을 때는 보리만 먹지? 쌀과 조와 보리를 큰 독에 섞어 놓고 먹으면 좋을 텐데……' 말했다는 것을 어머니한테서 늘 들었다.

천자문을 처음서 끝까지 다 익혔다. 그러나 암송은 하지 않았다. 대나무 막대를 '서당대'라고 했다. 장구 열채처럼 생겼다. 이것으로 짚으면서 큰 소리로 읽었다. 우리집에 놀러 온 동네 어른들이 두 손바닥으로 한 페이지 글자를 가리고 한 자만 보이게 하고서 읽어 보라는 시험을 했다. 나는 척척 읽었던 것이 생생하다. 어른들이 눈재주도 있고 노력도 하는 편이라고 말한 것도 생각난다.

봉태하고 나하고는 동갑이다. 가을이었는데 사십 리나 되는 군용지 날망(시민회관 자리)에서 폭죽이 올라가는 불빛이 보였다. 낮에도 총 쏘는 소리가 들렸다.

"우리 대전 구경 갈까?"

"그러자!"

둘이 검은돌(흑석동)로 선골로 뗏집거리(산성동)로 버드내(유천동)까지 걸었다. 아마 오후 시쯤 되었을 것이다. 되돌아가지 않으면 밤중에 집에 도착하게 될 것을 생각했다. 나중에 알았는데 성복 차림의 헌병이 말을 타고 지나가는 것을 보았다. 그러자 생각이 떠올랐다.

"집에 가자!"

"참 집에 가야지!"

점심도 먹지 않아서 배가 고팠다. 등골을 지날 때 어둑어둑하기는 해도, 길가 무밭에 살진 무가 하얗게 보였다.

"하나씩 뽑아서 먹자"

"맛있겠다"

둘레를 살펴보았다. 아무도 없었다. 맘놓고 하나씩 뽑았다. 잎을 비뚤어서 잘라버리고 앞니로 껍질을 벗기면서 먹었다. 꿀맛 같았다. 다 먹기 전에 매운 것을 느꼈다. 그러나 시장기는 면했다. 부지런히 걸어서 집에 왔다. 가을걷이로 바쁜 때라 늦게까지 일을 하고 등잔불을 켜 놓고 저녁을 먹는 중이었다. 꾸중은 들었을 것이나 그 기억은 나지 않는다. 11살까지 서당 공부를 했다. 반복해서 읽어서 암기하는 것이 가장 힘쓰는 공부였다. 그러자 이웃 마을 '사림 길헌 의숙'에 입학하게 됐다. 이 때 우리 동네에서 학교 다니는 사람은 둘뿐이었다. 바지저고리에 두루마기를 입고 검정 고무신을 신고 육학년까지 그런 복장으로 다녔다.

• 대전을 지키며 살아 온 원로로서 요즘의 대전을 바라보는 감회는.

— '윗둔지미 네거리', '둔지미', '샘머리공원', '샘머리아파트', '버드내 아파트', '버드내중학' 등이 있기는 하나 목적교 아랫다리가 '영교'로 교명관이 붙어 있다. 삼성동을 영정(英町)이라고 했었다. 그 일본 찌꺼기를 반 백년 이상 그냥 놓아두었다.

'한밭다리'나 '대전천교'로 이름을 바꾸어야 한다. 관계기관에 건의는 했으나 아직도 못 고쳤다. '직할 하천 유등천' 팻말이 군데군데 보인다. 왜 '버드내'로 고치지 않는지? 해남 땅끝 관광지에서는 그동안 '지말(地末)', '토말(土末)'로 부르던 것을 95년에 '땅끝'이라고 고유어로 공식 이름을 바꾸었다.

대전에 아직도 많은 학교를 세운다. '대문 초중'은 그 마을 이름 '천근(天根)'을 제쳐놓고 두 마을 머리 자를 따서 이름을 지었다. '대신초등'은 '퇴미초등'으로 했더라면 더 좋았을 뻔했다. '선암초등'은 신선암 마을 이름이 길어서 '신'을 떼어버리고 두 자로 하느라고 '선암'이라고 했다. 신선암 마을에 있는 '봉우재'의 '재'를 떼어 내고 '봉우중'으로 했다.

그 마을에 살던 사람들은 자기네 고향 마을 이름을 그대로 살려서 '신선암초', '신선암중'으로 하기를 간절히 원하고 있는데도 들어 주지 않는다. 그 곳 마을 '신선암'을 붙이는 것은 매우 타당성이 있다. 따라서 '벌말중'은 '태평중'보다 우선은 불편해도 왜정 때 때 묻은 왜놈 손으로 만든 태평보다 뜻이 있다. 우선 편리한 것만 채택하고 그 법정 동명으로 학교명을 지은 '노은초중고', '지족초중', '상지초등'은 잘한 결정이 아니다. 앞으로는 법정 동명보다는 그 고유어를 찾아서 교명을 짓는 것이 바람직하다. 적어도 대전의 학교 이름에서 20여 개 정도는 옛 이름을 찾아서 짓도록 하여야 한다. 신탄진에는 '새여울초중고'가 있음직하다. 선비 마을(아파트)에서 다니는 학교를 '선비초중고'로 한다면 얼마나 참신한 감동을 가지게 될까? '선비'라는 말은 영국에서는 젠틀맨(신사)과 비슷한 뜻을 가진 고유어이다. 송촌에 선비들이 살았으므로 그 송촌과도 관련이 있다. 송촌에서 70년을 살다가 나온 ㅇ씨는 그 마을에서 계를 해 오고 있는데 '송촌계'라 하지 않고 '금암계'라고 이름을 정했다고 말했다. '금바위들'에 '금바위'가 있었는데 물이 바위 사이에서 흘러 근처 마을 어린이 어른 할 것 없이 물 놀이를 했다고 한다. 또 그 바위가 원래는 한 덩이였는데 둘로 되면서 금송아지가 나왔다는 전설도 들려주었다. 또 동춘당 선생이 그 바위에 올라앉아, 거문고를 즐겼다는 아야기도 전한다고 한다. 송씨가 많이 사는 마을이므로 송촌이라고 했으면 그만이지 이제 학교 이름까지도 송촌으로 하는 것은 송씨 아닌 분들에게는 좋다는 말을 하지 않을 것이라는 의견도 들었다. 주민들의 속에 들어가 그들의 정서를 파악하고 현지 실정을 참고해서 주민들 대표인 통장들에게 학교 이름을 짓게 한다면 좋을 것이다.

중촌동 열두공굴 근처에 얕은 다리가 있다. '세월교'라고 부른다. 일본이 물러간 지가 언제인데 요즈음 무넘이다리를 만들어놓고 세월교(洗越橋)라고 부르는 것은, 일본 문화에 젖은 사람들이 일본식으로 지은 이름이 분명한데 그냥 두고 있는 것은 겨레 정서에 매우 어긋난다.

아파트 이름을 쑥내공굴(유등철교의 속칭) 옆에 지었으니 '효성타운'보다 '쑥내마을'이 좋았을 뻔했다. 그러나 버드내마을이 대전 중심지 버드내 냇가에 서 있는 것은 자랑스러운 일이다. 그 안에서는 초등학교 이름을 '버드내초등'으로 한 것도 아주 잘한 일이다. 대전의 문화는 문화 유적지 몇 군데를 가지고 평가하는 것은 아니다. 여러 가지가 다 구색을 갖추어야 한다. 오일뱅크가 군데군데 크고 진한 색으로 써 있는 것은 부끄러운 일이다. 옥외 광고물 등 관리법 시행령에 어긋난다. 시민들의 무관심이 매우 원망스럽다.

• 대전 문단이 발전하기 위하여 충고를 한다면.

— 대전 문단은 비가 든 먹구름이 금방 비를 내려 물난리를 겪게 하다가 깨끗이 구름이 걷힌 듯하다. 책을 많이 읽어서 좋은 글을 쓰는 사람이 자꾸 늘어나고, 그들이 대접받게 하면 된다. 글을 어렵고 틀리게 쓰는 것이 가장 부끄러운 일이고, 글을 바르고 쉽게 쓰는 것이 자랑스러운 분위기를 만들어야 한다. 어려운 글을 써야 권위가 서는 것으로 여기는 구시대적 풍조는 없어져야 한다.

• 문학적으로 영향을 끼친 사람(계기, 사건)은.

— 이은상 선생의 '노산 시문선'을 온양에서 연구 발표 행사에 출장 가다가, 장항선 기차 기다리는 시간에, 천안역전 큰 서점에서 만났다. 온양에 가서 여관에서 그 책을 몇 번을 거듭 읽었다. 글을 이렇게 멋지게 쓰는 일은 참으로 만인의 스승이 되는 일이구나 생각했다.

천안중학교에서 대전여중으로 옮기던 무렵에 김봉한 시인이 나를 데리고 소정 선생을 찾았다. '꽃시첩'을 주셨다. 그 시조집을 읽고, 나도 지을 수 있는 글이구나! 멋있는 글이다. 장미 같은 글은 못 써도 찔레꽃 같은 글은 쓸 수 있겠다. 이런 글로 어린이들 가슴을 울릴 수 있다면 얼마나 보람스러운가!

글을 쓰는 것은 독자들에게 큰 봉사자가 되는 일이다. 글을 잘 쓰는 것은 만인의 스승이 되는 길이구나! 이렇게 생각하였다. 틈만 있으면 쉬운 제목으로 쉽게 쓰는 일부터 시작했다. 그러자 청자 시조 동안이 조직되어 거기에 들게 되었다.

• 사람 이름으로 짓는 삼행시에서도 문학성을 찾을 수 있는가. 지나치게 시류를 따라 작위적이거나 미화 위주가 아닌지.

— 구름재 박병순 시인께서 사람 이름을 넣어서 지은 시조를 읽어 보았다. 멋진 데가 있었다. 나도 지어 보았다. 받아서 읽어 본 사람들이 퍽 좋아했다. 이 아무 박사의 어머니 탄신 100돌 기념 축시를 지어 보냈더니 고맙다는 전화가 왔었다. 신 아무 사장 따님 혼인에 내가 짓고 가람문학 총무가 분홍 색종이에 250장, 녹색 종이 250장에다 복사해서 손님들께 나누어 주고 주례사 다음에 이를 낭독하게 했다. 신 아무 사장이 그 사돈한테서 마음이 아주 흐뭇했다는 말을 들었다고, 나를 일부러 자리를 만들어 불러서

음식 대접을 했다. 또 김 아무 교장은 붓글씨를 잘 쓰는데 그 아들 혼인 때 축시를 지어 주었더니, 붓글씨로 정서해서 표구해서 방에 걸어놓겠다고 하였다.

혼인 축시에서는 내용을 상냥하게 성실하게 살라는 뜻을 담았다. 가족이 넷이면 그 넷의 이름을 다 넣어서 화목하게 노력하며 살라는 뜻을 담았다. 내 아들 딸들에게도 지어 주었다. 격려사나 칭찬하는 내용으로 한다. 받아서 가끔 읽어 보려고 사진첩에 끼워 둔다고 말했다. 받는 사람이 상냥한 편이 아닌데 상냥한 말씨가 소중하다고 하면 상냥해지려고 노력할 것이고, 헤픈 사람이 야무진 사람으로 썼다고 하면 야무진 쪽으로 노력할 것이다. 일부러 좋게 썼다고 사실과 다르니 이 글은 나한테 맞지 않아서 나쁘다고 할 이유가 없다. 누구나 해퍼서 좋을 것은 없으니, 근검 절약하는 생활을 하라고 했대서 내가 헤픈 것을 미리 알고 이렇게 썼구나 할 사람도 없다. 그래서 읽는 본인들이 제 마음을 가다듬어 사랑의 꽃밭을 가꾸라고 하면 그렇게 빌어 주셨으니 우리는 그분 축원에 어긋나지 않게 살자고 여길 것이다. 문학성을 찾을 수 없다는 것은 받는 사람이 고마운 생각도 없고, 잘 살라는 내용을 부정한다면 모르되, 그렇지 않고 즐거운 마음으로 잘 보관하고 가끔 읽고 노래를 한다고 하면, 문학성이 들어 있다고 보아도 안 될 것 없다. 미화 위주의 내용이 있다 하더라도 그 글을 읽어 보고 제 생활에 보탬이 되게 마음 다짐한다면 좋은 일이라 생각한다. 문학을 너무 높고 고상한 것으로만 여기지 말고 냉이꽃도 꽃이고, 보면 볼수록 마음이 차분해지고 즐거우면, 수준은 낮으나마 문학성이라고 볼 수 있는 것이 아닐까!

• **우리말의 고유한 가락과 맛은 어디에 있다고 보며 그것을 살리기 위하여 어떤 노력이 필요할까요.**

— 우리말·글은 저절로 가락이 붙어서 초장 앞귀를 5자에서 10자까지, 초장 뒷귀도 5자에서 10자까지로, 중장도 초장과 같다. 종장만 앞귀 첫째 구는 3자로, 둘째 구는 5~6자로, 셋째 구는 4자로, 끝구는 3자로 하면 제일 좋다. 그러나 종장의 뒷귀를 5자에서 10자까지 할 수 있다. 그래서 자유시 같은 정형시라고 말하는 이도 있다. 종장만 까다롭다. 노래를 부르면 가락이 멋지게 나온다.

• **교육자, 문인의 길을 걷지 않았다면 무엇을 했을지요.**

— 어렸을 때 농사일을 거든 적이 있었다. 모 심을 때 줄 붙잡기, 찐 모를 나르기, 벼 베기, 지어 들이기 등을 하고 갈퀴 나무도 하고, 보리논 꾸미기 등도 했다. 그럴 때마다 땀이 많이 났다. 어른들이 나보고 '너는 농사일 할 수는 없고, 책상에 앉아서 사무를 보거나, 교직이 맞을 것 같다.'고 말씀하셨다. 그래서 나는 농사일 아니하게 되기 위해서 공부에 몰두했다. 사범학교를 택하게 됐다. 교직이나 문인의 길을 걷지 않았다면 아마 내 인생은 보람을 찾지 못했을 것이다. 날마다 막일로, 땀으로 옷 한 벌씩 젖게 했을 것이다.

• **유 선생님의 직업을 이어갈 후배는 있는가, 양성 계획은.**

— 나는 끈질긴 데가 있다. 어렸을 때 서당에서 꼼짝 못하고 앉아서 글 읽는 일을 5년 동안이나 했다. 그리고 11살 때 초등 1학년에 입학했다. 4km 정도나 되는 학교까지 반은 뛰어서 오고 갔다. 그 때문일 것이다. 대진고속도로가 가수원내를 지난다. 그 다

리를 '갑천교'로 한다는 것을 '모새골다리'로 해야 된다고 만 4년간을 ㅎ도로공사와 싸웠다. 결국은 '모새골교'로 되었다. '가수원터널'을 '구봉산굴길'로 해야 된다고 했으나 '구봉터널'로 되었다.

'유등중'을 '유등천중'이나 '버드내중'이어야 한다고 건의해서 고치지 않겠다는 답장을 받고서도 포기하지 않았다. '버드내마을아파트'가 대전을 빛내 주는 이름이 될 테니 그렇게 하라는 글을 여러 곳에 보냈다. ㄷ일보사 ㄱ부장이 수고해서, 그 덕분에 '버드내마을'이 되었다. 그 안에서는 초등학교를 '버드내초등'으로 아니하고 '유등초등'으로 한다면 대전은 문화적으로 빛이 없는 도시로 되어버린다고 각계 각층에 글을 보냈다. '유등초등'으로 하려다가 '버드내초등'으로 확정지었다. 대전에 앞으로 생기는 학교나 다리나 굴이나 아파트나 길 이름 등을 우리 옛 지명을 찾아서 쓰도록 계도하는 일을 그치지 않으려고 한다. 한자를 서 온 세대들은 아직도 많다. 이들 세력은 대단하다. 왜정이 남긴 법정동이 그대로 쓰이는 판국에 그 법정 동명을 따르면 편리한데, 왜 굳이 알려지지 않은 옛 이름을 쓰려고 하느냐고 강하게 맞서는 세력이 있다. 이들을 계도해서 일본 때가 묻은 법정 동명은 그것이 좋아서 쓰는 게 아니고, 우리가 챙기지 못한 탓이다. 이제 그 이름을 다시 쓰는 일은 역사를 잊은 짓이고, 철학이 없는 겨레라는 것을 강조할테다. 한말글 사랑 한밭모임에는 나보다 더 패기 넘치는 일꾼들이 있다. 그들은 우리말·글 바르게 쓰기에 앞장서서 잘해 나갈 것이다.

대전시에서나 대전 교육청에서도 내가 주장하는 바른말 쓰기에 호응하고 있다고 들었다. 지금까지 써온 '시작하겠습니다'를 '시작합니다'로 하는 일부터 한다고 들었다.

• 컴퓨터를 어느 정도 활용하고 있는지요.

— 내 손으로는 전혀 하지 못한다. 직원들에게 부탁해서 일을 한다.

• 자녀들의 우리말에 대한 애착과 관심도는(자녀 소개도).

—5남매 이름을 지을 때마다 안식구하고 의논했다. 특별한 것을 피해서 보통으로 짓자는 의견을 꺾지 않았다. 내가 양보했다. 그래서 5남매 이름은 광운(光雲), 광우(光雨), 광협(光協), 명숙(明淑), 현숙(玄淑)이다. 손자는 한별, 한솔, 한얼, 가람, 손녀는 하나, 누리, 나래이다.

장남은 사회복지법인 한마음의 이사장이고, 둘째는 한마음병원 행정원장이고, 셋째는 한마음복지원 원장이다. 큰며느리는 사진에 취미가 있어 사진전에서 금상을 두 번 탄 일이 있으며, 둘째며느리는 병원 환자들에게 클럽 활동시간 종이꽃 만들기 강사이다. 셋째며느리는 음식 솜씨가 남다르다.

내가 지은 할머니 말씀(시조)이 초등학교 국어책에 실린 것을 자랑스럽게 여기며 서예 전문가에게 크게 써 달래서 액자에 넣어 병원 큰 벽에 걸어 놓았다.

내가 사곡중학교 근무 시절에 학생 좌우명을 지었다. 그것을 그때 아들들이 고입 대입 입시 학원인 세종학원을 운영하던 때였는데, 큰 글씨로 써서 표구해서 학원에 걸어 놓고, 학생들 인성 지도에 활용했다. 그 좌우명은 다음과 같다.

'성공한 사람은 조금씩 쌓으면서 산 사람이요, 실패한 사람은 조금씩 소비하면서 산 사람이다. 도막 시간도 아껴서 공부하고, 푼돈이라도 아껴서 저축하고, 남을 위하여 봉사하는 마음으로 휴지 한 장이라도 스스로 줍고, 책 한 권이라도 더 읽어서 내 마음을 빛나게 하고, 말 한 마디라도 상냥하게 하여 부모님을 즐겁게 하는 일들이 바로 쌓으면서 사는 일이다.'

내가 국어 순화 또는 쉬운 글쓰기 등에 아이들도 옳은 일을 하고 있다고, 자랑스럽게 여기고 있다. 제사 때 축 지방을 한글로 쓰는 것도 찬성하고 있다. 조상의 묘비도 한글로 한 것을 자랑으로 여긴다.

• 그 밖에 우리말·글, 문학, 문단, 대전 등에 관하여 주시고 싶은 말씀은.

— 초중고 국어책을 다 읽어 보고 잘못된 데를 찾아 교육부 편수국에 알려 주었다. 그 일을 여러 번 했다. 초등에서는 '어느 새'를 띄어쓰고, 중고에서는 '어느새'로 붙여 쓰는 것, '부딪치다'와 '부딪히다'의 헷갈림, '윌리암텔'과 '빌헬름텔'의 통일, 5월달 어린이 일기에 '노란 난초꽃이 연못가에 피었다.'의 난초는 붓꽃이거나 창포의 잘못, 크낙새는 골락새가 표준말 등등을 통보했다.

뽑힌 글(충남 학생 우수 작문선)을 서울 교과서 주식회사에서 인쇄했다. 대전여중 학생의 시조 '떡장수' 외 몇 편을 넣었다. 중도일보에 대전여중 신경숙의 '꽃병'이 특선으로 실렸는데 그것을 찾다가 못 찾아 중도일보사에 가서 묵은 신문철에서 찾아서 넣기도 했다.

교정을 보기 위해 충남국어교육연구회 간부 권양원, 박동규, 윤경희, 성낙천 님들과 함께 서울 교과서 주식회사 출판 부장을 찾았다. 그 때 인사를 하는데 "유 선생님은 따로 인사를 드려야 되겠습니다." "왜요." "우리들에게 여러 번 종아리를 때려 주셔서

요." 일행은 무슨 말인지 몰랐을텐데 나는 금방 알아들었다. 편수국으로 보냈던 편지를 이출판 부장에게 넘겼던 모양이다.

시조 백일장을 10여 년 동안 해 왔다. 그러나 아직도 시조와 시를 구분하지 못하는 사람이 있다. 대전에서 시조교실 운영도 했었다. 많은 성과를 거두기는 했다. 그러나 아직도 미흡하다. 초중고 교사들을 대상으로 시조와 국어강좌를 열어보려고 한다.

글을 쓰는 것은 쉬운 일이 아니다. 어려서부터 책을 많이 읽게 하고, 일기 쓰기 지도를 합리적으로 하여 문장력을 길러야 한다. 국어 공부에서 글쓰기를 소홀히 한다. 어려운 말을 해석하는 수업에서 벗어나 문장 교육을 제대로 해야 한다. 국어 수업은 글짓기를 위한 수업으로 나가야 한다. 그러기 위해서는 교사 연수를 통해서 시작해야 한다. 국어 교원 양성 대학에서는 글짓기 실습에 중점을 두어야 한다.

교무실과 각 교실마다 국어사전, 생물 도감을 비치해야 한다. 국어사전을 수시로 활용해서 우리들이 쓰는 말까지 '김밥', '담임', '눈사람', '안감힘', '장맛비' 등의 발음, '뚝새풀', '왕바랭이', '매듭풀', '마타리', '뻐꾹새', '왕고들빼기', '뽀리뱅이', '방가지똥', '딱다깨비', '방아깨비', '여치' 등 동식물 이름도 알게 하고, 잡초원(작은 식물원)도 학교 뒷마당에 만들어놓고, 교내에 있는 나무들에는 그 이름표를 붙이는 일들이 모두 교육을 위한 환경 조성으로 갖추어야 한다.

상급학교 진학 지도 때문에 중요한 것을 제쳐놓는 교육이 되어서는 아니된다.

유동삼 선생의 우리말, 우리 글, 우리 시조에 대한 열정과 집념은 끝이 없었다. 더운 여름날 오전에 시작한 대담이 점심을 마치고 오후에 이르도록 계속하였다. 외래 문화의 급속한 유입과 젊은 층의 의식 없는 언어 사용이 빚어내는 우리 글과 말, 우리 얼의 오염과 퇴색을 걱정하는 노시인의 표정은 자못 심각하였다. 집요하고 때로 외곬으로 보이기도 하는 유 선생의 한글 사랑과 문학 사랑은 앞으로도 계속될 것이다. 그리고 젊은 층에게서 유 선생과 뜻을 함께 하는 후속 세대가 형성된다면 그의 작업은 더욱 힘을 얻고 많은 보람을 거둘 것이다.

—「대전문학」 제23호 수록

꽃마을

이용호 서평

유동삼 제2시조집『꽃마을』이 출판되어 나왔다. 유동삼씨는 시조집이 나온 후부터 2년 간 어린이들에게 읽힐 동시조 작법에 심혈을 기울여 1백여 편의 시조를 창작 햇빛을 보게 되었다.

유동삼 씨는 이번『꽃마을』을 내놓게 된 데 대해서 '시조는 우리의 고유한 국민문학인 동시에 자랑거리다. 이 자랑거리를 널리 학생들에게까지 읽히고 짓게 하여 우리의 멋을 알게 하는 일이 꼭 필요하다.'고 강조했다. 평소에 시조문학, 청자 등에 작품을 발표해 온유동삼 씨가 후진 양성에 대해 늘 아쉬움을 느껴 왔고 더구나 요즘 학생문고 가운데 우리의 고유문학인 '시조'집이 없는 것을 안타깝게 생각한데 기인했다는 것이다.

이『꽃마을』에서 시를 쓴 서시에서 정훈 씨는 '마을 마을마다 온통 꽃으로 덮이면 마을은 모두 모두 화목하겠습니다. 그러기에 꽃 숲 덮인 나라는 복되기만 합니다'라고 찬사를 보냈다. 유동삼 씨는 작품 과정에서 꼬 동심의 세계에서 사고하고 생활한 노력이 보인다. 꽃기린(사보뎅)이란 작품에서

고운 꽃 고운 잎을
혹시 누가 건들까봐

온몸에 가시 돋혀
제 몸만 지키느냐
욕장이 심술꾸러기
한 번씩만 찔러라

라고 대화적이며 재미를 줄 수 있게 교훈적으로 엮었다.

백여 편의 시편 중에는 토속적인 절구, 양동이 쇠비름과 꽃교실, 연필, 저금통, 기차, 뽕나무, 들국화 등 어린이 주변에서 택했다는 것은 현명한 점이라 하겠다.

— 1970. 12. 23 <대전일보>

우리 글 지키기 일생을 걸었다

이인회 기사

나라말이 중구과 다른 것을 가엾게 여긴 세종대왕은 한글을 창제했다.

나라말을 업신여기거나 잘못 쓰는 사람들을 안타까이 여긴 그는 일평생 언어 순화를 위해 헌신했다.

이맘때면 산과 들을 마음껏 누비며 자태를 뽐내는 '구절초'가 들국화에 자리를 내준 것도, 순수한 은유를 담고 있는 마타리가 똥꽃으로 인구에 회자 돼 온 것도, 입이 없어 하소연 못 하던 숱한 말들을 그로 인해 해묵은 누명을 벗었다.

일상생활은 물론 교과서조차 왜색으로 포장돼 그럴듯하게 눈속임을 하지만 그의 감시를 피할 도리가 없다.

시조를 쓰는 교육자이자 우리말 우리 글의 아름다운 수호자인 유동삼(77, 사회복지법인 한마음 회장) 옹, 그는 일편단심 세종대왕의 열혈팬이다.

시조를 쓰는 것도, 교육자로 봉사한 것도, 쉼없이 한글운동을 하는 것도 한 줄기, 한 맥으로 그를 정의하는 간판은 없다.

굳이 첫 단추를 꿴 것을 따진다면 시조가 앞장선다.

서당공부를 마치고 초등학교에 입학한 11살 무렵 가난 때문에 책보 대신 지게를 져야 했던 초동들이 노래 부른 가락이 지금도 빛바랜 사진처럼 재생된다.

'나비야 청산가자, 범나비야 너도 가자. 가다가 저물거든 꽃에 들어 자자…'

"자신들의 신세를 한탄하면서도 노동의 고단함을 잊으려한 노래랍니다. 학교 문턱도 못 가 본 친구들이지만 지게로 장구가락을 대신하며 우리 문학을 멋지게 부르더라구요. 7~8명이 산길을 오르며 들려주던 그 가락이 어찌나 가슴을 울리던지 흠뻑 젖었습니다."

대전 토박이 유 옹은 지게꾼 친구들의 부러움을 뒤로 한 채 청주사범학교를 졸업하고 한 뼘 건너 고향 진잠초등학교의 교사가 됐다.

유 옹의 한글 사랑은 그즈음 촉발됐다.

"초등학교도 사범학교도 일본어로 받은 일제 교육이었습니다. 모국어를 제대로 공부해야겠다는 생각이 들더군요. 굳은 결심으로 진잠에서 교편을 잡은 지 1년 만에 서울 금양초등학교로 전근을 갔습니다."

한글 전용이 흔치 않았던 시절, 서무직원을 대신해 쓰던 봉급봉투도, 판서도, 게시판도 모두 한글로 쓰는 그를 좌경분자로 오인하는 사람들도 적잖았다고 한다.

낮에는 아이들을 가르치고 밤에는 세종중등국어 교원양성소에서 공부를 했다. 그렇게 한글에 눈을 떠 갔다. 이론으로 무장한 유 옹이 본격적으로 한글 사랑과 그를 실현하기 위한 시조 창작에 몰두한 것은 지난 60년대 초반 대전여중에 근무 중일 때이며 그 단초는 꽃이 제공했다.

"한 반에 수업을 들어갔는데 '이 꽃의 이름을 모르는 사람 손들어 봐라.' 한 명도 없더군요. 다시 물었습니다. '이것이 과꽃이라는 것을 아는 사람 손들어 봐라.' 역시 한 명도 없었습니다. 우리 고향에서 당국이라 부르듯이 아이들도 하국 또는 배추국화라고 잘못 알고 있었습니다."

그 길로 자투리땅에 씨를 뿌린 뒤 곱게 핀 과꽃을 전교생에게 분양했다.

과꽃은 자주, 분홍, 빨강, 보라, 하얀색 등 5가지 색이 있으며 가을에 꽃을 피우고 그 수수함이 농촌의 정서를 꼭 닮았다는 부연 설명과 함께.

들국화는 노키쿠(野菊)라는 일본식 표현, 엄연히 구절초라는 이름이 있지만 제대로 쓰이지 않고 있다.

중학교 1학년 2학기 국어책에 수록된 황순원의 「소나기」에도 구절초는 들국화라고 표현돼 있고 각주라도 달아줬으면 하건만 시정되지 않고 있다.

똥꽃은 냄새가 고약해 입맛에 탈이 날 지경이라는 마타리의 어원도 밝혀냈다.

"꽃을 소재로 한 시조를 지은 것은 한글 운동의 일환입니다. 시조시인 정훈 선생이 선물한 '꽃시접'을 보고 나도 할 수 있다는 자신감을 얻었습니다.

'과꽃!', '산국화' 등 꽃 시조는 30년에 걸쳐 5권의 책으로 탄생했다. 대전중에서는 한 달에 5수씩 시조를 게시판에 써 놓고 외워 쓰는 학습을 시켰다.

2년 동안 공을 들인 뒤 창작을 해 보니 제법 쓸만한 작품이 눈에 많이 띄었다.

"옛 시조에는 문학과 논리가 들어 있습니다. 띄어쓰기나 한글 바로 쓰기에 그만한 교본이 없지요."

걸어다니는 국어사전인 그도 국어 사전을 죽부인 삼아 애용한다. 잘못된 것을 꼬집어 바로 고치기 위해서는 더 많은 것을 알고 있어야 하기 때문이다.

왜색이 짙거나 문법에 어긋나는 표현을 보면 결코 지나치는 법이 없이 참견을 한다. 그는 우리말을 제대로 쓰지 않으면 나라 사랑 정신이 결여된 것으로 치부한다. 특히 잘못을 고치지 않으면 괘씸죄에 가중된다.

얼마 전 안면도 국제 꽃박람회를 관람하면서 들국화는 구절초이며 국기봉은 5개의 꽃받침이 있어야 하고, 설하초는 범의귀의 일본식 표현임을 상세히 적어 시정을 요구했지만 폐막까지 달라진 것은 없었다.

'—겠습니다'와 같은 군대식 표현과 조사 '의'를 즐겨 붙이는 일본식 표현은 체질적으로 싫다. 지난 96년 국방부장관에게 군대용어 중 국어에 어긋나는 것이 많으니 시정해 달라는 내용이 서신을 띄운 적이 있었다.

국어 심의회에 회부해 옳은 것은 채택해 쓰겠다는 답신이 왔지만 7년 동안 고쳐진 것은 하나도 없다.

철도용어 순화집도 문제점 투성이이고, 경찰청에서 세워놓은 학교 앞 '어린이 보호구역' 표지판도 어긋났다.

그 때마다 관계기관에 정중히 지적했지만 귀찮은 잔소리 취급만 당했다. 단 30분 동안 청취했다는 한 방송국의 태풍 소식에는 전봇대를 전신주로, 진흙을 뻘로, 물론 알기 쉽지 않은 표현 20가지가 포착됐다.

유 옹의 집안 제사 때 쓰이는 축문은 그가 지인에게 선물해 교과서에까지 수록된 시조 '할머니 말씀'이 대신한다.

정년퇴직 후 자리를 지키고 있는 사회복지법인 한마음에서도 그의 극성은 여전하다.

"시각장애인들은 하루 24시간 암흑 속에서 지내잖습니까. 1시간 만이라도 즐겁게 지내길 바라며 농악대를 만들었습니다."

꽃을 가꾸고 나무를 심고 말이 회장이지 좋아서 하는 궂은 일이 태반이다.

시조를 짓고 국어를 바로 쓰자는 데는 정년이 없다.

아름다운 수호자, 유 옹은 그래서 행복하다.

— 2002. 10. 28 〈대전매일〉

* 그 외에 발표된 글들(본문 생략)

· 놀뫼산보(1990.10.15) 성실히 살며 노력하는 놀뫼인

· 중도일보(1991.01.14) 생활주변 잔잔한 감동노래

· 대전일보(1993.06.29) 우리 말글 사랑 가슴 속에 심어 줘

· 대전일보(1997.10.09) 김재근 – 구억뜸·둔지미를 아시나요

· 대전일보(1998.08.03) 송인덕 – 한글사랑 이색운동 '눈길'

· 대전일보(1999.05.29) 김훈탁 – 신설 학교 이름 짓기 구태여전

· 대전일보(1999.10.09) 김재근 – 일상 속 잘못 쓰는 우리말 많다

· 대전예술(2001.10) 한말글 사랑 한밭 모임

· 대전일보(2003.01.29) 송신용 – 한글 학자 유동삼 선생

· 대전매일(2003.06.18) 「소쩍새」 당선 후 시조 몰두

· 조선일보(2003.08.04) 임도혁 – 우리말과 글을 가꾸어야

제 5 편

유동삼 시조시인 연보 및 추모

유동삼 시조시인(1925~2021) 연보

1925 - 음력 7월 22일(양력 9월 8일), 대전 서구 평촌 3동(기성동) 증촌에서 아버지 상적(相積) 어머니 해주 오씨 상필(相弼)의 5남매 중 막내로 출생.

2021 - 7월 31일 노환으로 별세, 대전평화원 장례식장 501호실 빈소 및 조문 받음, 8월 2일 평촌동 선영을 모신 가족 묘원에 안장.

1931 - 마을에서 삼종형 동순, 동욱 스승님 서당에서 한문 공부

1935 - 사립 길헌 의숙 입학(3월), 기성공립보통학교 편입(9월)

1940 - 기성 공립심상소학교 졸업, 청주 사범학교 심상과 입학

1945 - 청주사범학교 졸업(12. 25)

1946 - 진잠초등학교 교사(3. 1)

1947 - 서울 금양 초등학교 교사(11. 15),
국사 강사 자격증(한글학회 진단학회 한글문화보급회 주최 일요 강습 후 시험 12. 28) 취득

1948 - 한글문화보급회 주최 사범부 강습 수료(8. 11)
한글문화보급회 주최 고등부 강습 수료(8. 31)

1949 - 세종중등국어교원양성소 입학

1950 - 위 학교 2년 졸업(6. 24)

1951 - 강옥진과 혼인(음 3. 27) 대전공업중학교 교사(5. 31),
한밭중학교 교사(10. 31)

1958 - 대전중학교 교사(9. 1)

1959 - 천안중학교 교사(4. 10)

1961 - 대전여자중학교 교사(3. 31),
연구원 위촉(5. 31 충청남도 교육연구소장)

1962 - 동아일보 시조 공모에서 '소쩍새' 입상, 면려 포장(8. 15)

1963 - 문교부 장관상(8. 15 모범공무원)

1966 - 대전중학교 교사(4. 1)

1968 - 한글학회 충남지부를 만들고 총무를 맡음

1969 - 충남 도정 연구위원회 위촉(충남도지사),
충남도지사 감사장(도정 용어 풀어쓰기 사업 추진)
전국 시조 백일장 입상(대통령상 국가 제2경제 달성. 대회 회장 신윤창(3. 29)

1970 - 한글유공자 교육감 표창(10. 9),
표준학습 지도안 작성 위원 위촉(3. 20 교육감)

1973 - 충남도 교육연구원 연구사(3. 1)

1975 - 한글학회 이사장 표창 : 한글 연구 공로상(10. 9)

1976 - 청양중학교 교감(9. 1)

1977 - 논산교육청 장학사(10. 25)

1986 - 공주시 사곡중학교 교장(3. 1)

1988 - 논산시 벌곡중학교 교장(9. 10)

1989 - 한국일보 교육자 대상(5. 30)

1991 - 논산시 벌곡중학교장 정년 퇴임(2. 28), 훈장 목련장(2. 28), 대전시장 한글 공로 표창(10. 9), 사회복지법인 한마음 회장(3. 5)

1992 - 한말글 사랑 한밭모임 회장(국어 순화 자료 "한말글 사

랑" 공동 발간 : 1992년 이후 2002년까지 해마다 1회씩)

1996 - 할머니 발씀 시조 초등학교 국어책에 수록(5-2 말하기 듣기 쓰기 66쪽, 이후 6년간 수록) 우리 말글에 대한 논설문 24회, 대전중구 문화원 대전 문화 사랑에 게재(2년간). 항재 시조문학상(11. 30 가람문학회 추천)

1999 - 대전시 지명 제정 위원 위촉(대전광역시)

2000 - 대전시 신설 학교명 제정 위원, 대전시 새 주소 새 번지 부여 사업 자문위원

| 현장 교육 연구 표창 |

1968 - 전국 중등 제 2회 현장 교육 발표 표창
(11. 3. 문법 교과서 7종 비교, 심태진)

1969 - 대한교련 제13회 연구발표 표창(11. 7 교육부 장관상, 푸른 기장, 중학교 문법 지도를 위한 자료 수집)

1971 - 대한 교련 제15회 연구 발표 표창(9. 20. 교육감상)

1972 - 교련 제16회 교육 연구 발표 표창
(10. 5. 교육감 시조짓기 지도)

1975 - 충남교육연구원 제6회 슬라이드 콘테스트 입상
(9.5. 교육감 태극기 관리)

1975 - 교련 제19회 연구 발표 표창
(9. 26. 도 2등급 한자 읽기 지도)

1977 - 교련 제21회 연구 발표 표창
(8. 30. 한자 쓰기 지도, 도 1등급)

1979 - 교련 제23회 연구 발표 표창

(9. 5. 한자 실력높이기, 도 1등급)

1980 - 교련 제24회 연구 발표 표창

(9. 17. 한문 시험문제 분석, 도 1등급)

1984 - 건전 국민 정신 함양 교육 실천 사례 표창

(12. 4. 교육감상:애국가 가사 지도 실천)

| 시조집 발간 외 엮은 책 |

1967 - 제1시조집 『유동삼 시조집』(회상사)

1970 - 제2시조집 『꽃마을』(금강출판사)

1981 - 제3시조집 『새 꽃밭』(미광사)

1990 - 제4시조집 『집게손가락』(호서문화사)

1996 - 제5시조집 『물이랑 바위랑』(대교출판사)

2002 - 제6시조집 『소쩍새』(예일기획)

1965 바른 말 바른 글(회상사) 충남 중등 국어 교육 연구회

1975 국어 순화 지도 자료(충남도 교육 연구원 216호)

1975 글짓기 지도 자료(충남도 교육 연구원 227호)

1978 글짓기 지도의 실제(논산 교육청 장학자료 43호)

1979 인사 지도 방법(논산 교육청 장학자료 55호)

1979 중학교 한문 교육 개선 방안(논산 교육청 장학자료 606호)

| 시조 짓기 보급 운동 |

1. 대전중학교 전교생에게 시조 외워 쓰기, 시조 짓기 2년간 20회

실시

2. 충남도 교육 연구원, 교내 초중고 학생 시조 지상 백일장, 월간 충남 교육에 발표 시상 5회
3. 논산 교육청 군내 초등학교 교사 학생 글짓기 5회 실시
4. 시조 교실 운영 : 정년 직후 문예진흥기금을 받아 복수초등 등 9개교 문예반 및 교사 어머니 대상 시조 강좌 시조작품 개별지도 실시
5. 학생 시조집 4회 발간
 · 충남 도내 학생 시조(1) 충남도 교육 연구원(1975. 3. 16)
 · 충남도내 학생 시조(2) 충남도 교육 연구원(1975. 12. 30)
 · 푸른 꿈(1980. 12. 18 논산 국어교육회)
6. 〈시조비(碑)에 실린 글〉
 · 대전 중앙 초등학교 교정(섬잣나무 : 교목)
 · 기성 초등학교 교정(벌터 : 학교 있는 곳의 땅 이름)
 · 고향 마을 증촌에(왕바위 : 우물 옆 왕바위 아래)
7. 〈교가 지어 주기〉
 · 길헌 초등학교
 · 대전 보운 초등학교
 · 금산군 남일 초등학교
 · 논산 여자 상고

| 동인 활동 |

청자 시조 동인, 차령 시조 동인, 가람문학회(회장 역임), 대전시조시인협회(회장 역임)

대전 충남 수필문학회, 대전 아동문학회, 호서문학회, 한국 시조시인협회, 한국문인협회

한국문협 대전지회, 서구문학회, 중도문학회, 중부문학회,
충청문인협회, 한글학회, 외솔회
#· 한글학회 대전지부 이사, 대전 충남 외솔회 대표 역임,
한말글 사랑 한밭모임(회장 역임)

| 유동삼 문학 작품 연구서 발간 |

2003『유동삼의 시조와 삶』- 오늘의문학사
2022『유동삼 시조의 서지적 연구』- 오늘의문학사

| 추모 |

2021.09.01. 〈충청예술문화〉 9월호,
-- 리헌석 조사 '욹모 선생님, 천국에서 강녕하소서'
2021.09.01. 〈문학사랑〉 가을호
--표지에 빈소 사진, 화보에 빈소사진과 기사
2021.12.25. 〈한밭시조〉 33호에 특집 편집
--대표작품 '할머니 말씀' 외 3편
--이도현 추모글 '욹모 유동삼 선생을 추모하며'
--박헌오 추모시 '씨앗 놓고 꽃잎 지다'
--권기택 추모글 '꽃, 굴길과 축시'

편저자 리 헌 석(李憲錫)

- 시인·문학평론가
- 사단법인 문학사랑협의회 이사장
- 충청예술문화협회 회장
- 계간 《문학사랑》·월간 《충청예술문화》 발행인
- 도서출판 오늘의문학사 발행인

서지적 연구자료

유동삼 시조 연구

발 행 일 | 2022년 12월 15일
편 저 자 | 리헌석
발 행 처 | 오늘의문학사
출판등록 | 제55호(1993년 6월 23일)
주 소 | 대전광역시 동구 대전로867번길 52(한밭오피스텔 401호)
전화번호 | (042)624-2980
팩시밀리 | (042)628-2983
전자우편 | hs2980@hanmail.net
카 페 | cafe.daum.net/gljang(문학사랑 글짱들)

편 집 | 국제프린팅
제 작 | 국제프린팅 [T.042-623-9118]

공 급 처 | 한국출판협동조합
주문전화 | (02)716-5616
팩시밀리 | (02)716-2999

ISBN 979-11-6493-251-1
값 22,000원

* 이 책은 대전광역시와 대전문화재단에서 사업비 일부를 지원받았습니다.